理学療法士が教える

『脳を味方にして』大好転人生を歩む方法

JN011665

徳永麻衣

みらい PUBLISHING

『私のしたいことって何だろう？』

この人生の中でそんな質問を何回されただろう？

それはなくちゃいけなくて、ないと恥ずかしいものだと思ってた。

その度に全然〝夢〟が思い浮かばなくて『私っておかしいのかな？』、ずっとそう思ってきた。

だからいつからか、目標も夢も感じにくくなっていた。

そんな私がなんとなく学生時代を過ごし、いざ社会人になった。そして、たくさんの人やものに囲まれて組織に揉まれ、なんとなく生きてきた人生の中で28歳の時にやっと描けた儚《はかな》い願い。

【好きなことで時間もお金も自由に働きたい！】

そんな『今、こうなりたい！』というたった一つの願いは、わずか1か月も経たずに叶い、私の目の前の世界が『理想』そのままに姿を変えていった。

今の私は、大好きな場所で、大好きなことのために、大好きな場所へ行き、好きな時間だけ働くことができる！

大好きなホテルで。
大好きなカフェで。
大好きな旅館で。

そして私は気付いた。
本当に必要だったのは、叶えたい大きな夢ではなく、
【今、叶えたい私の姿】だということに。

はじめに

皆さんこんにちは。はじめまして、徳永麻衣です。

私は、熊本育ち、現在も熊本在住。

私は理学療法士という、身体の機能の回復を助ける国家資格を持つリハビリテーションの専門職として、以前は病院に勤務していました。


4年前に1人で自由に働くことを決断。現在は、女性が自分の大好きなことを仕事にするための情報発信をし、主に講座で、好きなことを仕事にしたい受講生さんのために日々伴走しています。また、理学療法士の経験を活かし、痛み専門の治療サロンを経営したり、【治せる学校】をコンセプトにトータルケアセラピスト協会も立ち上げ、結果の出る治療技術をセラピスト向けにお伝えしたりしています。

おかげさまで、
治療サロンは常に予約待ち、
痛みを治す技術講座も毎回満員御礼、そして
女性の働きかたを支援する講座や個人セッションはずっと先まで満席になっています。

こんなことをお話すると、『なんかすごいですね。元々すごい人だったんでしょ？』なんて言っていただく機会も多いのですが、全然そんなことはありません。私は元々、勉強が大嫌い、学校へは部活のために行っていたようなものでした。基本的に、校則は破ってナンボ的思考です（笑）。専門学校では2年生の時に留年し、4年制なのに5年間も学校に通ってしまいました。私の目には、クラスのみんな、ほぼ全員がエリート集団にうつっていました。

ね？　まちがっても、最初からすごい人だった！　なんて言える経歴ではありません。

専門学校を卒業後、就職してからの私は週休2日制の病院勤務、月収20万円のサラリーマンでした。朝は6時半に目をこすりながら起き、嫌々ながら準備をし、7時半

に家を出て、駐車場で『よしっ！』と自分をふるい立たせて出勤。

職場の病院に着いてからは人目を気にし、業務時間内はめいっぱい気を遣い果たします。せかせかと業務をこなし、闘い続けた8時間後には、もう家に帰る体力もないくらいクタクタ。ひどい時には頭痛がして、30分ほど休憩をとらなければ帰宅できないほどでした。

新人の頃なんて、私の時代はまだ教育に厳しい時代。新人1人1人に指導者がつき、レポートを毎週書かされ、提出しては怒られる毎日。私は常に周りの人の表情を伺うようになっていきました。


そんなせわしい日々の中で、今でも忘れられない衝撃的なことがありました。入職して1年目の夏、私が患者様への治療をしているとき、職場の先輩が目の前に来て、『お前、治せないなら居る意味ないから死ねば？』っていきなり言ってきたんです。私は、何がなんだか分からず、気が付いたら泣き崩れていました。あれは本当に滅入りました。そのことがあってからというもの仕事の全てが怖くなったことを、10

年近く経った今でもはっきりと覚えています。

でも、しばらくして、私は気付いたのです。私の仕事は、患者様の命を預かっているんだということに。そのくらい責任のあることをしているんだ、それを先輩は教えてくれたんだってことを。それからというもの、私は治療でしっかり結果を出すために、仕事が終わってからも人間の身体の仕組みや医学的なことなども必死に勉強しました。その結果、患者様の痛み、しびれ、その他の様々な不調をしっかり改善できるようになりました。

今となっては本当に感謝ですが、あの先輩の言葉はとにかく辛いの一言。しかも私はストレスが身体に出るタイプで、過呼吸を発症したり、年に2、3回は原因不明の胃腸炎にかかって、夜中に救急病院に駆け込むことも多かったのです。

そんな私が、『1人で自由に好きなことで働いてみたい』という淡い願いを抱いたのは、27歳のとき。当時、私の担当していた95歳の患者様、マサコさんとの出会いがきっかけでした。

マサコさんは身寄りがなく、毎日どこか寂しそうで気が短く、医師・看護師・リハビリスタッフなど、ほとんどのスタッフに暴力行為が多い患者様でした。でも、なぜか私にだけはすっごく優しくて、『あんたがいてくれるけん、私はここに居られるとよ。いつもありがとう』って、会うたびに笑顔で言ってくれました。

それなのに、マサコさんが入院して1か月が経った頃、突然の体温低下。話すどころか、目を合わせることもできなくなり、その日のうちに帰らぬ人になったのです。

このとき、私はものすごい喪失感に包まれ、そして、あることに気付きました。

マサコさんはいつも私に感謝を伝えてくれていた。でも、私は一度も『ありがとう』を彼女に伝えていない。私は深い深い後悔の念に駆られ、何をしていてもマサコさんが亡くなってしまった悲しみから逃れられることはありませんでした。

私は仕事をしていても食事をしていても、マサコさんと過ごした日々を、毎日のように思い出して過ごしていました。

ですがそんな日々の中で、マサコさんが私に教えてくれたことがあります。

【命はいつ終わりを迎えるか分からないこと】
【感謝を伝えたい人に全力で、今、感謝を伝えることの大切さ】

私はそれに気付いてからというもの、私のこれからの命は、悔いのない、全て想いどおりの感謝の人生に必ずする！　そう誓いました。マサコさんは、もしかしたら自分の命にかえて、私にこのことを教えてくれたのかもしれません。

そこから私は自分の人生に『本気』を出すことに決めました！

『私の生きる時間に、大好きなこと以外の時間をできるだけ無くそう』

そう、固く決意をしました。当時のお仕事は楽しく、決して不幸せではなかったのですが、『その仕事、大好きなの？』と聞かれると、全部大好きとまでは言えないのも事実。マサコさんに恥じないよう、大好きなことだけで生きていくため、私は『起業』という道を歩むことを選びました。

こうして始まった私の起業。4年経ち、今では、週休4日です。働く日は大体1週間に3日くらい、しかも働く時間は1日に4時間以内。

独立した1か月目から、月収は3倍以上になり、年収は、初年度からサラリーマンのときの3倍をゆうに超えています。そう、私は年収1000万円の世界を一気に見られることになったのです。

私は今、大好きな旅行や、みんなに喜んでもらえることを仕事にしています。経営の〝け〟の字も知らなかった、本当に普通の女性だった私が、起業して1か月後から、大好きなことだけで仕事として成り立たせることができたのです！　最初は赤字が多い起業家が大半の中、初年度から色々な意味で余裕のある生活を手に入れました。

もちろん、『想い』だけでここまで来たなんて、そんなことはありません。

上手くいったのには、理由があります。

それは、私が理学療法士として学んだ、

『脳の仕組み』を活用していることです。

実は起業した目的は、この『脳の仕組み』を活かせば上手くいくことを、自分自身で実験、実証するためでもありました。ですので、多くの起業家さんたちのように、大金をつぎ込んで事業を始めた、というものとはかけ離れていと思います。

当時の私は29歳。特に可愛いわけでもなく、貯金もほぼゼロ、とびぬけた才能や実績も何もない普通の女性。大金をつぎ込むだけのお金も持っていなければ、そんなリスクを背負う勇気もありません。だって、私はすごい人ではなかったから。

実際に、私が起業に対して使ったお金は、サロンの部屋を賃貸契約するための5万円ほどです。そう、その5万円がたった1か月もかからず、12倍以上となって返ってきたのです。このとき、私は確信しました。

【好きなことで働き、自由で居ることに大金は必要ないんだと】

これはやってみたからこそ、やっと分かった部分もたくさんあります。私が起業しようと思った4年前、私の周りには起業家さんはほぼゼロの状態。熊本に住んでいる私は、本州まで行かないと直接情報は得られない、そんな時代でした。

私が『1人で働く』という決断をしようと思ったとき、周りの人に鼻で笑われたり、心配されたり、『甘えるな』なんて怒られたりしました。そうすると、もちろん単純な私は『不安』になります。ですが無事それに打ち勝ち、1人自由にで働くという結果を出し続けて、なんと4年が経とうとしています。

では、何をしたのか？

秘訣は、先ほどお伝えした『脳の仕組み』

これだけです。

他には何の策も方法もありません。私は理学療法士という国家資格を持ち、医療知識があります。そう、『脳の仕組み』が大好きで、めちゃくちゃ勉強していました。このことが、私の人生を助けてくれることになったのです。

理学療法士として働き始めて2年目のとき、脳の仕組みの巨匠と呼ばれる恩師に出会いました。その恩師に教えてもらった『脳医学』が、それはそれは素晴らしいのです。脳卒中になり手足がブランブランの麻痺状態の方が数ヶ月後にはギターを弾けるようになってしまうくらい、すごい結果を出していました。

それを目の前で初めて見たとき、ものすごい衝撃を受けるのと同時に『治せる!』という結果に、とてもワクワクしたことを覚えています。そして、そこから必死に勉強し、おかげで脳の仕組みが大好きになりました。脳のこととなると、もう何時間でも話しつづけることができるくらい大好きです！　いつからか、医療で使っていた脳の仕組みについて、『自分の生活にも使えるのでは？』と思うようになっていました。

もう、お分かりだと思います。私が脱サラから1か月目で、大金をつぎ込むことなく、自分の好きなことだけを仕事にできたこと。さらには、全て想いどおりの生活を手に入れ、心の豊かさも手に入れられたのは、脳の仕組みを利用したからに他なりません。私が実践したことは

【自分の脳を最強の味方にする方法】

この本では、起業してからの4年間、脳の仕組みを活かし、私流に実践した方法を大公開しちゃいます。

自分自身で実証を重ね、実績を作りました！

今では、私のやりたいことは、達成率90％以上です。10個あれば9個は確実に叶います。20個あれば18個以上は叶いますよ。

この本では、昔の私のように日々頑張る女性たちの、1人でも多くの方が自分の心の豊かさを手に入れる生き方、働き方ができますように、心を込めてお伝えします。この本に書かれていることは、本当に今日から誰にでもできることです。

それでは、みなさん、『脳を味方にして』、やりたいことを自由に叶えられる旅への始まりです♡

Chapter 2 脳を味方にするメソッド1『感情断捨離』大好きなことだけの世界にする

Chapter 3 脳を味方にするメソッド2『私的自由脳』主観的幸せを手に入れる

Chapter 4

『がんばらない習慣』があなたの想いを叶える

Chapter 1

あなたの想いを叶えるために

夢なんていらない

★みなさんには『夢』はありますか？

小さい頃から私たちは、『あなたの夢はなに？』と様々な場面で質問される経験をしてきています。これって、きっと即答できるか、全く答えられないかの、二極化しやすい質問ですよね！

昭和の終わりごろに生まれた私たちの世代は、夢についてこんな教育を受けてきました。

◊夢を持ちなさい
◊夢を持つことは必要なことだ

実は、そもそも、私はその『夢』という言葉があまり好きではありません。だって『なんで、夢が必要なの？』と疑問に思うタイプだったから。今まで『夢はなに？』と質問されて、スルッと答えられたことなんて一度もありません。

中学3年生や高校3年生といった受験時期になれば、その夢とやらに向き合うことになり、すごくストレスを感じていました。私には夢というものはなく、なんとなく学校に行ったし、就職もなんとなくでした。本当にそんな感じです。

ですから当時の私は、夢がないことはすごく恥ずかしいことだと思っていて、『私には夢がない』と大きな声では言えませんでした。だからか、ずっと『普通』に見られるように努力してきた気がします。ですが、就職した頃から『私も夢なんてなかったよ』と共感してくれる人に出会うことがものすごく増えました。同じ世代の人たちに、私と同じように『夢なんてなかったよ』と言ってもらい、最初はびっくりしました。ですが、彼女たちと話しているうちに、その『夢』とやらは持っていなくても、なんら悪いことではない、という想いが強くなりました。

もちろん夢を持つことによって、はっきりした目標に向かって努力をするし、目標をクリアすることで達成感を得られるでしょう。それが好きな人は、そうすればいいと思います。ですが、夢や目標に向かって努力するといった生き方が苦手な人だって、この世にはいるのです。

そう、私のように。煌《きら》びやかな夢は華やかな世界の話であって、努力してあんな世界に行けるのかな？　本当に努力は報われるの？　という疑問を持つ人だっているのです。

★そもそも、その努力が、私はすっごく苦手です

【好きなことをしなさい、やりたいことを見つけなさい、努力しなさい。】

何度も、こんなことを言われてきました。そのたびに、自分の好きなことなのに、やりたいことなのに、そのやりたいことは必ず努力をしないと手にはいらないものなの？　とずっと疑問に思っていました。

『好きなことを仕事にするのを、努力しないで手に入れる方法ってないの？』

そう、ずっとずっと思ってきたのです。

私がこう想うのには理由があります。きっと私たちが本当に望んでいるのは、『煌《きら》びやかな未来』ではなく、『最高な〝今〟』だと想うから。何より『今の私の想い』が叶うこと、それが一番望んでいること。人の想いというのは、日々刻々と変わっていくもので、ずっと変わらないものなんてこの世にはないはず。だからこそ、『今の想い』を実現していくことにフォーカスすることが、すごく大切なんだと想うのです。

私たちが生きているのはいつも、〝今〟であり、それ以上でもそれ以下でもない。

未来の夢や目標のために、その今を犠牲にして頑張る！　なんて矛盾してる！　そう思うのです。

日本人の教育には『頑張る』という言葉がよく出てきますが、その頑張るという言葉は、大好きなことには使わない言葉ではないでしょうか。例えば、大好きな旅行に行くのに、『よし！　今日から旅行だ！　頑張ろう！』なんて言わないですよね？

★大好きなことは、本当は頑張ることなく、ラクにできちゃうもの

大好きなことを今やって、それを続けていけば未来は必ず大好きなものになっていきます。

だって、『今の積み重ねが、未来になる』のだから。

何かを大きなことを達成したから、いきなり最高の世界になるわけではなく、最高の今を積み重ねるから、未来には最高の世界があるのです。だから私は

【遠い未来よりも、1番近い"今"に集中】するようにしています。

一番近い〝今〟に集中し、とことん今の幸せを作り上げること。これを4年前から

ずっと続けてきて、予想以上にかなり速いスピードで、私の想いはどんどん叶ってきました。

では、『今の幸せ』とは何でしょうか？　それは、小さなことから始まります。例えば、

◊すごく食べたかったお寿司を今日のランチにしよ！

◊お気に入りのお店に洋服を買いに行こう。

そんな今の小さな幸せは、必ず幸せな未来をつれてきてくれるから。

自分から湧き出てくる『これをやりたい！』を1つ1つ叶えてあげられるのは、自分自身だけです。想像してみてください。自分で作った最高の〝今〟を積み重ねて、最悪な未来が来るわけがありません。それは例えば、美味しいカレーライスを作りたいと思って、材料を買って作り方も分かっていて、作ったらハンバーグになっちゃった！　ということです。そんなことはなかなかありません。最高の今を積み重ねて全くちがう未来にはならないのです。

今が重なり、未来に成る。

今が最高に幸せなら、その積み重ねた未来も幸せでしかないはず。

だからこそ、未来よりもまず〝今〟に目を向ける。それが、あなたの想いを叶えるための、最初の一歩です♡

叶わないのにはワケがあるんです

★『書く・願う・決める・話す』で叶う?

ここ数年、やりたいことを叶えるための方法として、書く・願う・決める・話すなどの方法をオススメされているメソッドをよく見かけるようになりました。それと同時に、私のところに届く質問で多いのが、次のような内容です。

『いろんな本で、書いたら叶うとか、決めると叶うとか、よく聞きます。でも、一生懸命やっているのに一向に叶わないので、自己嫌悪になったりもします。私のやり方がおかしいから叶わないいんですか？』

うんうん。分かります。書いたら叶う・決めると叶うといった方法、多いですよね。私も4年前独立しようと考えたとき、『独立して成功することを夢というのかな？』と思い、『夢を叶える』系の本を読みあさった時期がありました。ですが残念ながら、それらのどれも、全然しっくりこないですし、そもそも信じられない！『それで叶うんだったら、みんな叶ってるよね？』と投げかけたくなっちゃっていました。

もちろん、『へえ～やってみよう』って思う自分もいます。でも、『本当なのかな～』って疑っている自分も大いにいて、『やってみよう』と『本当かな？』がいつも行ったり来たりしている状態でした。私の周りを見ても、『書く』や『決める』などで本当に叶った実績は、ありませんでした。そこから、私はそういった『夢を叶える』系の本を読むことをやめました。

そして独立して1人で働く決断をし、たった1週間で予想をはるかに超えた結果が出て、人生が変わりました。その経験から、結論を言います。

【書く・願う・決める・話す。それだけで、叶うはずありません】

でもこの方法が悪いと言っているわけではありません。叶わないのには、ちゃんと理由があります。

実は書く、願う、話す、決めるという手段まではあっているのです。ただ足りないものがあるのです。

実は、やりたいことを叶えるのには、私たちの『脳』がすごく深い関わりを持っています。

★『脳をその気にさせる』で叶える

まず、やりたいことを叶えるためには、【脳をその気にさせること】。これが絶対に必要です。なぜなら、必ず行動は『想い』から始まるからです。想い→行動の順番です。『お腹が減った！　ご飯食べたい！』と想うから、食べたいものを考えたり、お店を探したり行動に移します。脳はそもそも、やる気になったことだけ、うまくいかせようとします。そのやる気になるものとは、その人にとって、何らかのハッピーが生まれるもの。例えば、小さい子供は、お母さんに褒めてもらうために一生懸命お手伝いをします。それは、『褒めてもらえる』というハッピーがあるからこそ、脳がやる気になり、楽しんでできているということ。脳は、ハッピーを叶えるための情報を、必死に集めようとします。

それでは、『書く・願う・決める・話す』という手段は、『脳』からはどのように映っているのでしょうか。それは、ただの『アウトプット』のツールにすぎません。

脳はインプットするものを覚えるのではなく、アウトプットされたものを記憶していくようにできています。

そんな脳からすれば、『書く・願う・決める・話す』手段は、アウトプットツールであり、ハッピーを叶えるための方法には当たらないのです。そして基本的に、**脳は『自分の命を守る』ために働いています。**

『書く、願う、話す、決める』ことは、自分の命をどう守ってくれるのでしょうか？　そう質問されたら、きっと皆さん、頭の中にハテナが浮かんだはず。ですがこの答えは〝分からない〟が正解です。要するに脳はこれら4つの方法でアウトプットされることは『叶える必要がない』と無意識に判断してしまうことも多いのです。

脳が叶えようとするのは、次の条件が揃っているときです。

◊『自分の命を守れる』こと

◊『ハッピーになる』こと

実はこの両方がセットになっているとき、人間は、代謝機能が好調になります。なぜならストレスホルモンを出さないで、内臓の機能を好調のまま維持させるからです。もしも、あなたが願いを叶えたいと思うのなら、まずは、叶ったときのことをイメージして、身体にとってどうなれるのかを、脳に教えてあげましょう。

★叶った！ を自分自身にデモンストレーションする

つまり、願いが叶ったときの映像をイメージすることと、その時に感じる身体の感覚も同時にイメージして脳にデモンストレーションしてあげます。身体が感覚をつかめば、今度は脳が勝手に叶えたくなり、無意識に情報を集めてくれることになります。そして、あなたの願いは自然と叶っていくというわけです。

その願いが叶ったとき、あなたは『快』になれますか？ それとも『不快』になってしまいますか？ 当然『快』ですよね。『快』になれる明確なイメージを脳に教えてあげることで、脳は勝手に叶えたくなるってことです♡そう、いわゆる〝妄想〟をするのです。

つまり、『書く・願う・話す・決める』などは、ただアウトプットする手段だということを覚えておいてください。快や不快な情報のメカニズムはまた次項でお伝えしますね！

まずは、あなたの今願っていることは、どんなことですか？
叶ったときの映像をイメージしていますか？
その時の身体の感覚もイメージできていますか？
大丈夫。絶対叶うから。

『手足麻痺だったのに階段を上がれるように』

『はじめに』でもお伝えしましたが、私が後悔のない納得する人生を歩むために選択した『起業』という道は、マサコさんが教えてくれた『命はいつ終わりを迎えるか分からない』ということがきっかけです。

それと同時に、私が今まで学んできた『脳』の知識を使い、『やりたいコトを叶えていけるのか？』という疑問を解明するためでもありました。

私が起業をしよう！　と思ったとき、経営の経験ゼロの私が、起業してうまくいくなんて、正直全く思っていませんでした。むしろ、それができたらヒーローだよね？くらいに考えていたのです。
ですが、1つだけ確信がありました。それは、
7年間の病院で理学療法士として働いた経験から得た、ある気付きです。脳の病気を発症し、リハビリをしながらの退院までを、担当の患者様についてとことん診療していくのが理学療法士の仕事です。その診療の中で、急激に良くなっていく患者様には共通点があることに気が付いたのです。それは、

【やる気があること】

患者様ご本人に『やる気』がある方は、急激に良くなっていきました。それだけ？と思われるかもしれませんが、本当にそれだけです。もちろん、病気の重症度合いによっても差はあります。ですが、入院時からの変化を見ていても、モチベーションが高ければ高いほど、急激に回復していく率がかなりの頻度で高かったのです。

そう、それから勉強して知りましたが、

これが『脳がその気になっているか』ということです。

医学的に言うと、脳の司令塔と言われる前頭葉の前頭前野の部分が、同時に『やる気』のコントロールをしている場所でもあるからです。

ですから、当たり前ですが、モチベーションが高い患者様は、リハビリをすごく頑張るし、リハビリ以外の時間も、治療のために何か有効的に使えるものはないか？というアンテナが常に立っているので回復が早いわけです。

一方、リハビリに対してやる気を見出せない患者様は、リハビリ拒否や暴力行為などがあったりします。なかなかリハビリは進まず、回復も遅くなってしまいます。

『やる気』が回復に大きく影響することを強く確信したのは、ある患者様を私が新人の頃に受け持ったときでした。脳梗塞はかなり重度。女性ですが体重が70キロを超えていて、片方の手足は完全麻痺で自力で動かすことはできず、医学的に言うと全介助（全てに介助が必要という意味）ほどのレベルでした。

その患者様は、本当に動くことが大嫌いで、毎日リハビリを拒否されていました。

見かねた娘さんが、『リハビリをやって歩けるようになったら、大好きな和菓子を買ってくるよ〜！』って毎日のように患者様ご本人に声をかけ、そのお菓子のおかげでなんとかリハビリができていました。

実はその患者様、〝お菓子〟というワードで目の色が変わるのです。リハビリへの拒否は全くなくなり、なんと1か月半後には杖も機械も何も使わずに歩けるようになられたのです！　もう、これには医師も理学療法士も看護師も、スタッフのみんながびっくりしました。最後には、手すりを持ち、階段を1人で上がれるまでになられました！

実は、この患者様の脳の損傷は、医師も認めるほど回復はかなり厳しい状況でした。にもかかわらず、患者様の『やる気』によってここまでの回復を遂げることができたのです。

★脳がその気になるための『やる気』のメカニズム

その後も、この患者様だけではなく、同じように劇的変化を遂げていく患者様を幾度となく見てきました。それは、私が担当以外の患者様でも何度も起きていました。

そんな現実を目の当たりにしたとき、この『やる気』にすごく興味が湧き、『やる気』とは、どんなメカニズムでできあがっているのだろう、と関心を持ちました。『やる気』は、私たちの普段の生活にもかなり大きく関わっています。『やりたいことはあるのに、できるかどうか不安……』という経験は、誰にでもあることです。このように、様々な想いを実現させようとしたときに感じる『不安』にも、『やる気』が役立つのではないか？　と考えたのです。

すると、すぐに答えは出ました。脳の中では、『やる気を感じる』部分と、『行動を起こす』に関与する部分が、同じ前頭葉と言われる部位に集中しています。その他、感情のコントロールをしたり、1つのことに集中したりする機能も、前頭葉に集まっています。

脳は基本的に『近い細胞同士で密に情報交換をする』という性質を持っているため、人はこの『やる気』によって、行動が変わってしまい、結果も変わってしまうのです。

そして、もう1つ大切なことがあります。

★ワクワクすると『やる気』がでます

脳をその気にさせる『やる気』を活用するためには、

『欲しい欲求』や『欲しい感情』にリーチすることが必要です。

要するに、直感的にワクワクすることです。そこにリーチしていれば、勝手に私たちの脳は最大のパフォーマンスを発揮してくれます。先ほどの患者様は、娘さんに言われた『大好きな和菓子が欲しい！』という欲求が、『直感的に』ワクワクするものだったのです。

『感情』とは、脳の反応のことです。

見たものや聞いたことに対し、いい感情が得られそうなものには、やる気を示すというのも脳の特徴です。前述の患者様の場合、和菓子の話を聞いて、『いい感情が得られそうなもの』だったからこそ、脳がその気になり、かなりの速さで回復に向かうことができたというわけです。ただし、脳自体に損傷を負っている場合には、細胞同士のネットワークを脳自体がうまくつなげることができずに、やる気が起きないこともある、という例外も起きます。

では、私たちの脳はどうでしょうか？　そう、脳の細胞同士のネットワークは、必ずと言っていいほど正常に情報交換をしています。入院してリハビリが必要な患者様が、『やる気』がうまく機能すれば、劇的に回復するのです。それならば、

私たちは無限大の可能性を見出せること、間違いなし！　ではないでしょうか？

こんな経験と思考から始まった私の人体実験。すんごい結果を出すことになります。

この『脳がその気になった状態』こそが、私たちが『想いを叶える』ために絶対必

要なことだと思います♡

超わがままでも『理想の働き方』が叶ったヒミツ

4年前、私が自由に働くことを決めたある日。
私の理想の働きかたを書いてみたことがありました。それがこちらです。

◊休みが週に4日あればな〜
◊書類業務や事務処理などはなく、治療だけをして働きたい
◊大好きな人とだけ関わりたい
◊いやな組織の縛りをゼロにしたい
◊年収は今の3倍以上は欲しい

◊旅をしながら働きたい
◊その時の趣味を仕事にしたい！
◊その日の好きな場所で仕事したい
◊PC1つでお仕事できたらな～

こんな呆れられそうな数々のわがまま。ですが、これは脱サラ起業して、なんと、2か月経たずして全て叶ってしまったのです！

今では、全て叶えたうえに、自由に働きながら、事業は5つを超えています！ 4年前、普通すぎるくらい普通で、経験ゼロでやったこともないあの時の私のわがまま。誰が叶うと思ったでしょう。やると決めたものの、私自身も心のどこかで半分諦めていたくらいです。でも、こうやって叶ったのにはある秘密が。

★お金もないし、あるのは時間だけ

想いを叶えたいけれど、未来への不安が消えないというかたは多いと思います。私もそうでした。ですが、それに打ち勝てた大きな理由があります。

【いつも自分の『脳を味方にして』いたから】

脳を味方にすることにより、どんな不安にも立ち向かい、自分への疑心にも勝つことができました。そして、自由に働くために、1つ1つ行動を起こすことができたのです。

でも、実は起業1日目から、うまくいったわけではありません。43～44ページに書いた、わがままが叶う仕事をしたい、なんて口にしようものなら、鼻で笑われることは日常茶飯事。言ってる自分自身、経験も実績もない、さらには何の根拠もないから『私、本当に大丈夫かな？』って、すごい不安に襲われていました。そのおかげで、病院勤務を辞めて1か月近く寝込むハメになったのです。脱サラした次の日から、ひどい日々が始まりました。朝、目覚ましをかけずに起きると、もう10時。なーんにもすることがないから、お家でダラダラずっと寝てる。『朝10時って、いつもなら2人目の患者様を病室へ迎えに行ってる頃だな～』なんて思ったり。『あ～もう会えないんだ～』と思い出して懐かしがったり。何もできない自分に自暴自棄になり、また寝て……の繰り返し。起きたらまた考えてしまうから、起きたくない。

目が覚めるたびに『あ〜あ、私これからどうやって生きてこう……』と悩み続ける毎日でした。昼間から、そんなこと考えているものだから、夜になるともっと深刻です。脱力状態極まりなく、答えの出ないことを考えすぎて、頭が痛くなる始末。

平日は、もちろんみんな働いていますから話を聞いてくれる人もいなければ、遊んでくれる人もいません。こんな状態で悩みを家族に話したところで『ほら！』って言われるのがオチ。一事が万事こんな状態で、完全に病んでいました。『誰か助けてー！』って叫びたいくらいに。今思えば軽いウツ状態だったと思います。

★未来への『不安』に打ち勝てた！

ですが、そんな日々も、25日を過ぎた頃。ふと、『このままだとやばくない？ 本当に何にもしない私になっちゃう。』と我に返り、正気を取り戻しました。

そこから、なぜか求人情報を検索して仕事を探し始めた私……。探し始めて3日後、自分の中で疑問が生まれました。

『ん？　私って、なんで脱サラしたんだっけ？　こんなヒマするために辞めたんだっけ？　てか、サラリーマンに戻るなら、あの職場にいればよかったじゃん』と。
次の瞬間、自分から出た答えは、『いや、違う！　私は自由になりたくて辞めたんだよ！』でした（笑）。

1か月寝込んだ末に、やっと本来の目的を思い出しました。それからというもの、『どうせ求人情報を探して、病院やクリニックに戻る道があるのなら、1回本当に〝自由〟になれるのか、試してみたい！』と強く思うようになり、成功や失敗は全く考えず、強烈に行動を起こしたい衝動にかられたのでした。
『上手くいくかどうか分からないものならば、ちょっとでも上手くいく可能性のある、私が今まで勉強してきた脳のシステムを使って、とりあえずやってみようっ！』と考えました。

こんなふうに勢いで起業をスタートさせた2017年2月。『今までの私の学んだ脳の知識を駆使すれば、きっと上手くいくはず』という根拠のない自信で全ては始まりました。

最初に私がとりかかったことは、大好きだった『治療』だけを仕事にすること。なので、マンションの一室を借りて、完全予約制の整体サロンの経営を始めました。すると、どうでしょう。なんとサロンのオープンから1週間で、54件のお問い合わせをいただいたのです。

その後も同じくらいのペースでお問合せや予約が入り、最初の月から月収は3倍を超えました。さらにお休みは、完全に自分の自由なわけです。この瞬間。

『え？　あれだけ熱望していたこと、できたやん！』

と飛び上がって喜んだのを今でも覚えています。しかも、来院してくださった患者様が、どこに行っても良くならなかったのに、私の整体サロンに来ると良くなったと涙を流して喜んでくれたのです。私も一緒になって号泣し、それは、本当にやってみてよかったと心から思えた瞬間でした♡オープンから半年後には、予約待ちの常時満員サロンとなり、それは4年目の今でも、ありがたいことに同じ状況です。

★自分の脳を味方に

こんなふうにして私は本当に好きなことだけを仕事にして、時間と収入をコントロールできる働きかたを手に入れることができました♡私が病院勤務時代に願っていた生活は、なんと1か月も経たずに達成することになりました！　そう、ここで最初に使った方法は、何度も書いているとおり。

【自分の脳を味方にすること】

あの25日間病んでいる状態から、恐怖心を減らし、やってみる、というところまで自分でコントロールできたことが、上手くいった理由だと思います。自分の未来への不安感を消し、上手くいく気がするからやってみる、というところまで、自分の脳を騙すことにより行動につなげてきました。それからというもの、想像以上のスピードで、先ほどの9項目の願いが次々と叶っていきました。さらに

何にも縛られない想像を超えた、『自由な世界』を、脳は私にプレゼントしてくれたのです。


今では、やりたいことはすぐに『今』叶えられるようになりました。

空を眺めたいと思えば、空に近い高層のホテルのラウンジへ。

海に行きたいと思えば、絶景の海の見えるスイートルームへ。

森林浴をしたいと思えば、温かいおっきな露天風呂のある旅館へ。


これは、全部『脳』が叶えてくれること。

脳の役割は、考えるだけではないのです。脳は、やりたいことを自分が想っている以上に叶えてくれる大切なツールでもあるのです。


人間ならみんな持っているこの『脳』を、自分の最強の味方にすれば、あなたが望む未来は、もっともっとわがままにどんどん叶っていくでしょう。

脳は、想いを叶えるための最強のツール。

あなたの脳も、今日から最強の味方、最強の相棒に変えていきましょう！

あなたの脳を『叶える脳』に変える方法

さて、いよいよ本題である『脳を味方にする』メソッドについてです。この本でお伝えするメソッドは、私の完全オリジナルメソッドです。難しいものではなく、誰でもカンタンにできますので、安心して読み進めてくださいね。120%の高確率で想いを叶えていく脳に、あなたの脳を変えていく方法をついに公開していきます。

想いを叶えるためにやったことは、たった2つ。

◊感情断捨離
◊私的自由脳を創る

『感情断捨離』とは、大好きな感情以外は全て捨てるという意味です。

『私的自由脳』とは、自分の憧れている自由を、丸ごと叶えてくれる脳という意味です。

どちらも私が考えた造語です。感情断捨離については第2章で、私的自由脳については第3章で詳しくお伝えしますね。ここではそれぞれの必要性、なぜ、想いを叶えるためには、感情断捨離と私的自由脳が必要なのかということからです。

ここでのテーマは『脳』です。

人は何か新しいことを始めようとすると、今ある生活に知識や技術などを『追加』しがちです。ですが、脳を味方にするためには、『捨てる』から始めることが大切です。脳には、人それぞれキャパシティがあるからです。

脳は、様々な情報をインプットします。せっかちな人もいれば、自分のペースを絶対に乱さないマイペースな人もいます。それは、人それぞれキャパシティがちがうように、脳における情報の処理速度も個人で違うからです。

この本では、感情断捨離をしてから、私的自由脳を創る、この順番でお伝えしていきます。いきなり私的自由脳になるメソッドを試しても、脳の中の情報が増えてしまって、処理速度が落ちるだけだからです。なんでもそうですが、本やテレビなど、単なる見たことや聞いたことをやってみるだけでは、効果が上がりにくいものです。いきなり情報をインプットすれば処理が追いつかず、脳のキャパシティを超えてパニックになってしまうからです。

★まずは、いらないものを捨てる！

【インプットしたいとき、まずは、いらないものは捨てる】

これが、やり始める前の準備です。お片付けと同じ原理ですね。みなさんは、引っ越しをしようと思ったとき、まず何から運び出しますか？　そう、大きいものですよね。この原理を使うのです。

脳のお片付けも、大きな比重を占めるものから捨てていきます。大きな比重を占めるもの、それは『感情』です。感情の中でも大きく占める割合が大きいのが、『雑念』です。

人は『感情』の生き物。

人は1日に6万回以上の自問自答をしていると言われています。人は感情↓行動の順番で、日々行動しています。ですが、その感情↓行動の原則をいつもクリアできるとは限りません。何らかの理由で処理できない場合も多々あり、それがいわゆる悩みとなり、身体へのストレスと化していくのです。脳からすると、処理できないストレスは大迷惑です。

だって脳は『自分の命を守るために働いている』のだから。

ストレスが溜まっていくと、ストレスホルモンが下垂体や副腎と言われる場所から大量に分泌され、消化器官のはたらきを低下させます。さらには身体に絶対必要な代謝機能をどんどん低下させてしまうのです。そうすると、脳が一番大切にしている『命を守る』という機能が脅かされてしまいます。そんなリスクを抱えているからこそ、新しいことを始めるときに、まずやること。

★脳の中を『快』で埋めつくす

それは、新しいことをインプットする前に、いらない『感情』の断捨離です。そう、感情のお片付け。私は『感情断捨離』と呼んでいます。

人間の脳は、感情を瞬間的に感じ、さらに〝快〟と〝不快〟のどちらかに無意識に分けています。プラス感情とマイナス感情を感じるための、専門の部位が存在します。脳は、この感情を一番信頼し、感情により行動が決まります。感情のとおりに、行動するということです。

感情断捨離とは、まず大きな比重を占める『雑念』を極限まで減らすことです。そうすることで、『純度の高い快』の感情で埋め尽くされることになります。

まずは感情断捨離をしてこそ、脳は最大のパフォーマンスを発揮します。そうすれば、第3章の『私的自由脳』のメソッドが、スルッとインプットされ、結果として『いい効果』が自然と生まれるようになるのです。

◊感情断捨離
◊私的自由脳

この2つは必ずセットで、最大のパフォーマンスを発揮することを押さえておいてくださいね。

想い叶え率120%は今日から

さて、第1章も終わりに近づいてきました。第2章の感情断捨離と私的自由脳の詳しいお話に移る前に、もう少しお付き合いください。

これまで、何かを成し遂げようとして、こんなことはありませんでしたか？

『明日から、月に1冊本を読んで。読書を習慣にしよう』と固く心に決めたのに、実際は何もしなかった。

『1年で、貯金を30万円増やしたい』と1年後の未来を描いたのに、1年経っても実際はそのとおりになっていない。

近い未来の『明日』も、少し遠い未来の『1年後』も、どちらも想いどおりになっていない。そんな経験を一度や二度はしたかたも多いのではないでしょうか。でも、大丈夫！　この本を手にしたあなたはどちらも叶います。

明日を変えることが、未来を変えることにつながること。

それは、『脳を味方にする』感情断捨離というメソッドで、誰でもカンタンにできてしまうのですよ♡

★『感情』ってステキなもの

ここで、『感情』について、少し触れてみます。『感情』というと、どんなことを思い浮かべますか？

◊感情をコントロールする
◊怒りをコントロールする
◊感情的になる

世の中は、『感情をコントロールできれば、上手くいく』『感情的になるからダメだ』という考えが一般的です。『感情』という言葉は、どちらかというと、ネガティブな意味で使われることが多いですね。ですが、この本は、『感情』をとってもステキなもの、最高のもの！ として『味方』にしちゃいます。

感情は一瞬で湧いてくるものなので、湧いてきた感情は、既に感じているものであり、無理やり抑え込んでフタをすることはできても、消したりコントロールしたりできるものではありません。それなら、最初から、感じたい感情が湧いてくるようにすること。その一番好きな感情をだけを先に選び、行動すること。それが『感情断捨離』です。

まずは、第2章を読んで、1日1つ、『感情断捨離』をして、実践してみてください。そこから、1日1つが、2つ3つとやりたくなります。そう、『仕方ない、やってみよう』ではなく、感情断捨離を『やりたい！』と思うようになるのです。理由はカンタン♡

【脳が喜ぶから】

脳が喜べば、もともっと、その一番好きな感情を感じたくて、行動するようになります。すると、思いがどんどん叶い、また一番好きな感情を感じるために行動して……。というふうに、想いが叶うプラスのスパイラルが生まれます。最初は、たった一つの想いを叶えることから始まり、気が付けば、1日のすべてが想いどおりになる日が来ます。

未来を変えたいと思ったら、『今』や、一番近い未来である『明日』を、想いどおりに生きること。その積み重ねが想いどおりの人生になるのです。

★今日はこんなふうに過ごしたいな

『生きる』とか『人生』とか、何かおっきなことだと感じるかもしれません。ですが、『生きる』とは大げさなことではなく、『人生』とは難しいものではありません。生きるって、日常を送ることにすぎないのだから。人生って、日々の積み重ねだから。

あなたはどんな人生を送りたいですか？　という質問は、あなたはどんな日常を送りたいですか？　という質問と同じ。あなたが過ごしたい日常を挙げてみてください。

◊朝起きて、アロマをたいて一日の始まりに
◊ランチは、近所のお寿司屋さんに
◊ティータイムはお気に入りのマグカップで、濃いめのミルクティを
◊寝る前の30分を読書タイムに

ほら、特別なことなんて、何ひとつありません♡感情断捨離をすれば、このようなことはカンタンに叶います。まずは日常の目の前のことを、想いどおりにすること。繰り返しますが、1年後の目標を立てることでも、未来の夢を誰かに語ることでもないのですよ。

『今』の現実を、自分の想いどおりにすることから始めます。

私は、いつも『ありがとう』と声をかけてくれたマサコさんのことを忘れることはゼッタイにありませんでした。感謝の気持ちを言ってもらうばかりで、私の想いは何も伝えてなかった後悔は、とても大きなものだったのです。

もう二度と『後悔』はしたくない。もしも病院勤務に戻るとしても、その前に、『一度だけ』自分でやってみようと思い、『脳』を使ったメソッドを自分自身で試してみることに。そのたった一度の経験が、『お試し』だったにも拘わらず、ものすごい結果をもたらすことになるなんて！　あまりにもカンタンに、いくらでも想いが叶っていったことは、喜びでもあり、驚きでもありました。

100%叶うだけでもスゴイことなのに、
120%も、それ以上も当たり前に叶ってしまう。

私は、こんなにカンタンに想いを叶える方法を、独り占めするのはもったいない。

そう考え、まずは私の友達や、講座やセッションを申し込んでくださるかたたちに、

感情断捨離の方法をお伝えしました。すると彼女たちも、次々に想いを叶えていったのです♡

『これは、いける！』と確信。『脳医学』を元に考案し、私自らで実証した全くオリジナルのメソッドを、想いを叶えたいあなたのために、1冊の本にしてお届けします。

想いを叶えていった受講生たちの事例もご紹介しながら、『感情断捨離』について、お伝えしていきます。この本を読み終えるころには、いや、もしかしたら、読んでいる途中で『感情断捨離』を実践して、あなたの想いが叶っていますよ。なぜって、とってもカンタンだから♡

仕事時間と“私の自由時間”

4年前までの生活	時間	現在
起床：いやいやながら起きる	6時	寝てる
7時30分頃：出勤	7時	起床：目覚ましなしで起きる・朝食
仕事	8時	ゆったりベランダでくつろぐ
↓	9時	朝から運動をしにジムへ
	10時	帰ってきてシャワーなど自身の準備
	11時	好きな場所で仕事開始 ↓
	12時	
昼休み	13時	昼休憩・lunch
仕事再開	14時	仕事再開 ↓
↓	15時	15時半：仕事終了!!
	16時	お買い物や好きなことをする
	17時	
	18時	帰宅!!
疲労困憊で帰宅	19時	おうちご飯
夜ご飯を食べる	20時	お風呂入ってまったり時間
お風呂タイム	21時	
ゆったり時間	22時	
就寝：明日行きたくないと思いながら寝る	23時	就寝：明日をワクワクしながら寝る
	24時	

Chapter 2

脳を味方にするメソッド1『感情断捨離』

大好きなことだけの世界にする

感情断捨離で『最高の幸せ以外はポイッ！』

まず1つ目のテーマとなる『感情断捨離』は、名前そのままの『感情』の断捨離をするという意味です。まず『感情』というものから説明させていただきます♡

人は『感情』で動く生き物。

感情は大きく『快』と『不快』に分けられ、脳の中で一瞬で感じ、判断されます。この感情から人は様々な行動を起こしていきます。例えば、『お腹減ったな～。美味しいもの食べたい！』と思ったら、美味しいお店を探したり、自分で作るレシピを探したり、材料を買いに行ったり、そんな行動を誰もがとると思います。要するに、

人間は『感情↓行動』のセットで生活をしています。

まさにこれが、人が感情の生き物である証拠。だから全ては感情から始まる、そう言っても過言ではありません。人は、必ずこの形式をとるものだから。

なぜ、感情は生まれるのでしょうか？　それは、私たちの周りにあるたくさんの『刺激』です。刺激とは、いわゆる感覚のこと。『五感』と言われ、視覚、聴覚、触覚、嗅覚、そして味覚を指します。特に、『視覚』に関しては、刺激の80％の容量を占めると言われている研究結果もあるくらいです。医学の分野では、教科書や研究論文などにも、そのことは多く掲載されています。

人は、おもに視覚情報、次に聴覚情報を情報源にしていると言われています。それらの刺激を受けることにより、同時に様々な感情が生まれています。『感情↓行動』のその前に、『刺激』があります。

【刺激↓感情↓行動で必ずつながっています】

幸せ体になりたい？　ストレス体になりたい？

もう1つ大切なことは、感情によって、脳から出るホルモンが変わるということです。脳内で『快』とみなされたときに出されるホルモンは、ドーパミンやオキシトシンと呼ばれる『幸せホルモン』。逆に脳内で『不快』とみなされたときに出されるホルモンは、パゾプレッシンやコルチゾールと呼ばれる『ストレスホルモン』です。

要するに、私たちの身体の中には『幸せホルモン』と『ストレスホルモン』が存在します。これらが血液中に放出されていくわけですから、『快』な人は全身が『幸せ体』に。不快な人は、全身が『ストレス体』になっているというわけです。

こう聞くと、え〜！　怖い……と嘆きたくなるかもしれません。ですが、よく考えてください。快も不快も両方とも、私たちの命を守るためには必要な刺激なのです。だって、快があるから不快を感じるし、不快があるから快を感じるのだから。不快があるから、たっくさんの『快』を感じることもできるというわけです。

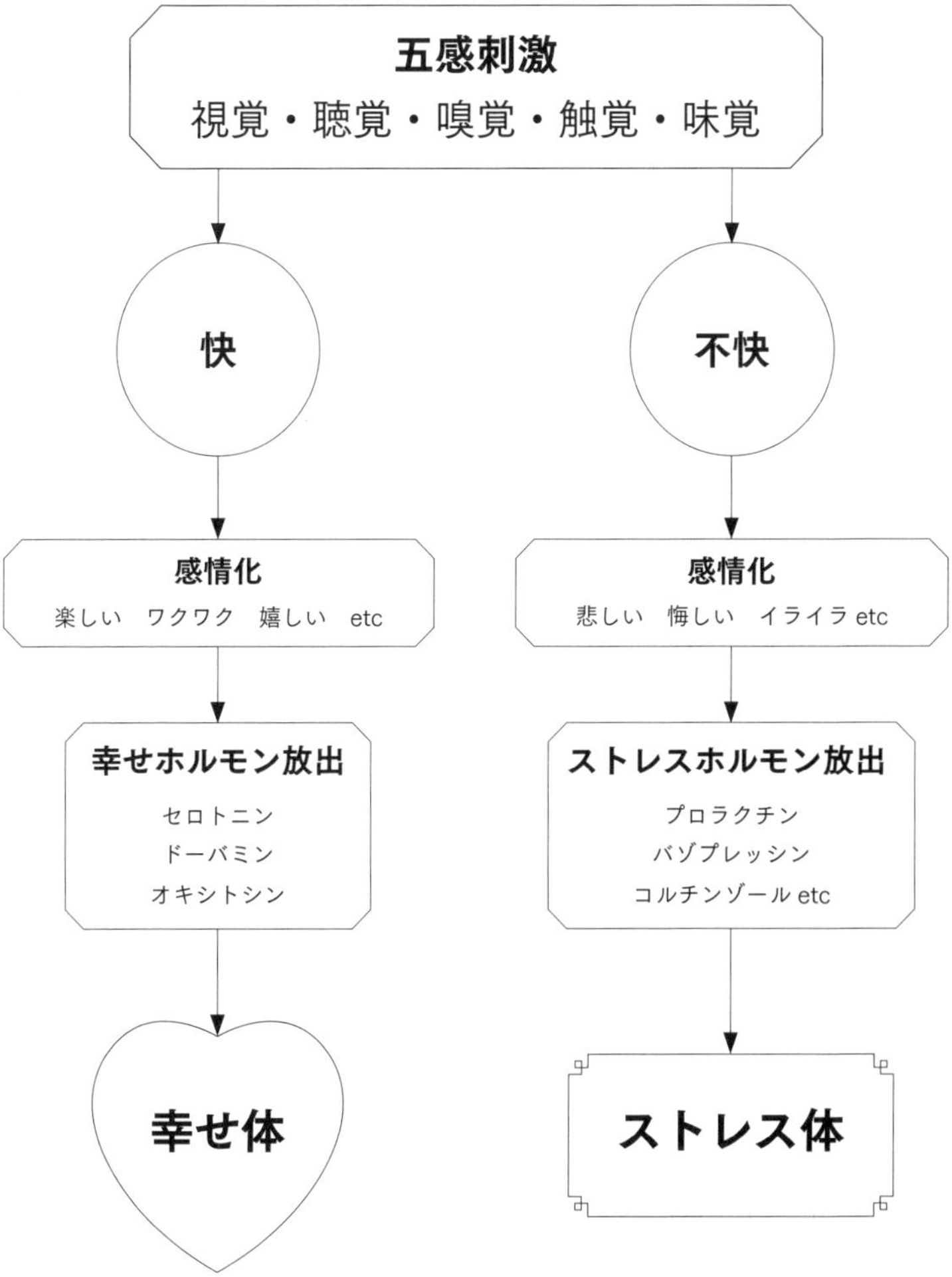
五感刺激
視覚・聴覚・嗅覚・触覚・味覚
快
不快
感情化
楽しい ワクワク 嬉しい etc
感情化
悲しい 悔しい イライラ etc
幸せホルモン放出
セロトニン
ドーバミン
オキシトシン
ストレスホルモン放出
プロラクチン
バゾプレッシン
コルチンゾール etc
幸せ体
ストレス体

ですから、私は『快』の刺激、いわゆる楽しい、嬉しい、好き、などの心地いい感情は、脳からのプレゼントだといつも想っています。だって快になればなるほど、身体が元気になるホルモンが放出されて身体中が健康になっていきます。そして、このプレゼントのおかげで、『やってみたい！』なんてチャレンジ精神も湧き起こるのだから。

『叶えたい』ことがあるのなら

私たちが何か『やりたいことを叶えたい！』と思ったとき、注意しなくてはいけないのは『快以外』の感情です。不快だけではなく、好きでもなく嫌いでもないという感情もこの中に入ります。

人が1日の中で感じる感情は、快よりも快以外の感情のほうが、はるかに大きく多くなりやすいものです。これが『雑念』となり、脳の中に居座ってしまいます。

新しいことをしようとする時、不安や疑心を引き起こしてしまうのは、脳に居座る『雑念』のせいです。雑念がある状態では、思うように前に進めないし、さらにはその雑念が悩みに変わり複雑化します。

だから、なにかを叶えたい、そう思うのなら。

最初のステップでやるべきことは、ただ1つ。

【最高に大好きなもの以外、全部捨てること】

そう、これが私の言う、『感情断捨離』です。最高に大好きなもの以外全部捨てると、どうなるでしょうか。快以外の刺激を受けなくなります。つまり『快』だけで過ごせるようになるのです。

いかがですか？　いきなりこれをやるのは難しい！　そう思う方もいるでしょう。もしかしたら、生活の中で『快』や『不快』という刺激が、どんなものなのかすら分からない、なんて方も多いかもしれません。ですので、感情断捨離をするためには、具体的に何をすればいいのか？　続いて分かりやすく解説していきますね！

あなたにとって『最高の幸せ』って？

では具体的に、感情断捨離をするためのステップをお伝えしていきます！

ステップ1【あなたの人生に絶対必要な感情ってなんでしょうか？】

人間の感情は、大きく分ければ27種類、細かく分ければ2185種類存在すると言われています。私たちは今まで色々な感情を感じてきています。人それぞれに、『こんな感情のときが好き！』という感情があるはずです。それが、あなたにとって、人生に絶対必要な感情です。

私はこれを『基本感情』と呼んでいます。

例えば、私の人生には『嬉しい』という感情は絶対必要！という具合です。基本感情は、3個~5個くらいが適切でしょう。あまり多くなると、分かりづらくなるので、私は2つか3つ程度に設定していますよ。『基本感情』という言葉は、これからもよく出てきますので、ぜひ、ここで覚えておいてくださいね♡

あなたの人生に絶対必要な感情=基本感情は、『こんな感情のときが大好き!』という感情です。もしも、大好きな感情がどういうものか分かりづらいときは、『自分の一番好きな時間はどんなときだろう?』『何をしているときが一番好き?』と自分に聞いてみます♡ちなみに私の基本感情は、3年間を通してずっと『嬉しい』という感情です。

『自分が大好きな感情=脳が好む感情』です。大好きな感情を多く感じている人ほど、人生の充実度合いは自動的に高くなっていきます。さらに、それを無自覚でやっている人よりも自覚している人のほうが、より充実度合いや豊かさの感じ具合も格段に高くなります。

いかがでしたか？　まずは、あなた自身の『こんな感情のときが大好き！』になれる感情＝基本感情を知っておいてください。

基本感情が分かれば、どんな時に基本感情になれるかを、とことん追求します。

たとえば、『楽しい』という感情でも、人それぞれ楽しいと感じることも違えば、感じるポイントも違います。よくあるのが、楽しいから旅行が好き、という人の例です。旅行好きな人が2人いるとしたら、きっとどちらも楽しいから好き、と答えるでしょう。ですが、その2人に『旅行のどんなところが好きですか？』と聞いてみると、

1人は『旅行に行くまでの計画がワクワクするから好き！』、もう1人は『旅行に行って、いろいろなものを見たり、美味しいものを食べるのが好き！』だったりします。

こんなふうに、同じ『楽しい』という感情でも、その感じる場面や理由は、人によって違うということです。ですから、あなたの基本感情（一番大好き！　な感情）

になれることを、できるだけ詳しく、かつ具体的に、ピックアップしてください。

たとえば、私の基本感情の『嬉しい』という場合は、

◇嬉しい⇅私が何かをして、ありがとうと言ってもらえたとき
◇嬉しい⇅大好きな人と綺麗な海の景色を見られたとき
◇嬉しい⇅あなたがいてくれてよかった、と言ってもらえたとき

私はまさに、生活の全てが基本感情のみという日々を、４年前に起業して以来現在もずっと続けています。それができるのは、自分の基本感情を自分がとことん理解し、それが仕事や遊びになることで、自分の人生の充足感がかなり高くなることを知っているからです。当然、そうやって自分の生き方や働きかたを選んでいるから、『頑張ること』を一切やる必要がなくなりました。

すべてを基本感情を中心に選んでいるから、大好きなことだけなわけです。

そこにはストレスの〝ス〟の字もありません。
この基本感情の効果、絶大だなと思います。

基本感情になれることは、いくつあっても大丈夫ですので、たっくさん出してみてください。ピックアップした基本感情が2つ以上ある方は、それぞれの感情で、その感情になれることを詳しく出してみてください。このワークは、本当に欲しているものの、あなたにとっての幸せを見つけるワークにもなると想います♡

その最高の幸せは、いつ、どこにある？

『こんな感情のときが大好き！』＝基本感情が分かったら、次に行きましょう。

ステップ2【その1番好きになる感情になれる『行動』はなんですか？】

人は1日の中で、数えきれないほどの『選択』をします。アメリカでの研究データによると、1日最低でも3万5000回の選択→決断をすると言われています。


◊朝ごはん食べようかな？　食べないでおこうかな？

◊今日はなにを着ようかな？

◊ランチはなに食べようかな？

◊今日はどこへ行こう？


例えば、このような小さな選択をたくさんしています。

ですが、その選択のほとんどを、『なんとなく』で済ませていることが多いのです。

その結果、納得していない結末になってしまっていることに、気付かないでいます。

人は行動するとき、まずは感情からというお話をしましたね。そう、『感動→行動』の順番です。ですが、ここでは、

好きな感情になるための行動を先取りしちゃいます♡

1日3万5000回以上の選択・行動を、自分自身の基本感情に合わせて選べるとしたら、どうでしょうか。1日3万5000回以上、一番大好きな感情になることができるのです。これにより、『さすが、一番好き！　で選んだから、最高の時間過ごせてる〜！』という自分の決断への納得も、一緒に生まれてきます。こんなふうにして過ごした1日は、とてつもなく満ち足りた充足感と、深い納得感に包まれます。

基本感情が分かったら、次は、その感情になれる行動を選択してみてくださいね。

自分自身が喜ぶ選択の練習をしていきましょうね！

最高の幸せ以外は全てポイッと捨てちゃう

ステップ3【基本感情になれるもの以外、全部捨てて行動する】

まずは、おさらいしましょう。

ステップ1【あなたの人生に絶対必要な感情ってなんでしょうか？】では、基本感情＝一番大好き！　な感情は、どんな感情かというのを、理解していただきました。

ステップ2【その1番好きな感情なれる行動はどんなことですか？】では、ステップ1で選んだ感情になれるのは、どんな時かを、詳しく具体的にピックアップしていただきました。

ステップ1とステップ2がしっかりできてくると、最後のステップ3は、すっごくシンプル。このステップでは、自分の人生で必要としている感情で、日々の選択・決定と行動をしていき、それ以外を全部やめる！　捨てる！　ということです。

人生に絶対必要な感情＝基本感情です。
私が行う全ての行動の選択理由は、『それが私に必要な感情だから』でオッケー。
例えば、『嬉しい』が基本感情の私は、
◊朝は『嬉しい時間』に起きる＝目覚ましをかけず、目が覚めた時間に起きる

◊嬉しい感情分だけ運動する＝朝好きなときにジムに行き、スッキリするまで運動する
◊嬉しいご飯を作る＝今食べたいものをそのまま実現する料理をする

こういった感じです。全て強制ではなく、その日にその時に感じる感情で動いていく、という形です。そして、ステップ3の押さえておきたいポイントは、やりたくないことは、やらない。やりたいことを、やりたい時に。が基本スタンス。
これを小さなことから始めてみましょう。

自分の基本感情に沿った選択を常に意識して、行動に移していきましょう！
ステップ1と2は比較的意識づけでできるものです。このステップ3で、基本感情に沿わないものを、どれだけ手放すことができるのか、ここがポイントです。

感情断捨離とは、基本感情を感じること以外は、全部捨てる！　ということを思い出してください。感情の『お片付け』でしたね。新しいことをしようとするときは、

まず古い習慣を捨てることから始めるのです。

大きく捨てれば、大きく変化する

捨てるものが、自分にとって大きければ大きいほど、新しい習慣を取り入れたときの変化も大きなものになります。特に日本人の私たちは、意外ともったいない精神が備わっていて、『捨てる』ことが苦手な人種とも言われています。もしかしたら、手放すのはあなたにとって勇気がいることかもしれません。もしも勇気が必要なら、『今日だけ』でも、まず手放すことをしてみましょう。もしも、手放してみてイヤだったら、明日また元に戻すこともできるわけです。まずは『今日、1つだけ』で構いません。手放したその先の未来には、心地いい世界が待っているかもしれません。いや、必ず待っています♡

私は寝ることが大好きで、放っておくと10時間くらい平気で寝られちゃいます。睡眠って、私にとってすごく心地いいもので、大好きなものです。けれど、私の基本感情の『嬉しい』なのかな？　と自分に質問すると、なんとなく違う気がします。長時間寝てしまうと、1日がめちゃくちゃ早く過ぎて短く感じ、損した気分になってしまうのも、また事実です。ですから、私は基本感情のとおり、起床時間を決めていません。いつもより1時間半ほど早く起きて、その1時間半を、基本感情に沿う行動で埋め尽くすようにしています。

◇適度に汗をかくくらいの運動をすること
◇朝ごはんを自分で作ること

それにしても、朝1時間半早く起きると、余裕ができて、時間に追われることもありませんね。気持ちいい&美味しいで嬉しい基本感情を達成できることになりました。

基本感情に沿った行動を実践する朝から始まる1日は、とてつもない充足感に包まれます。朝の1時間半の過ごし方は、頑張ることなく、勝手に習慣となっています。

感情断捨離のコツは、『頑張ることなく』です。

あなたは習慣を変えようとすると、頑張って続けることが多くないですか？　習慣を変えるためには、頑張ることが必要、みたいな。私自身、いわゆる意識高め系女子ではないので、頑張ることは大の苦手です。だからこそ、あえて頑張らず、一番心地いい状態＝基本感情に沿った行動により、勝手に習慣が続くようにしたのです。

うまく『脳を味方に』つけた結果です。

脳には『意識的』と『無意識的』という2つの違うネットワークが存在します。意識的に行動を起こすネットワークと、そのために無意識的に情報を集めるためのネットワークがあります。この2つのネットワークの比率は、意識的なものが5％以下で、無意識的なものが95％以上というデータもあります。だからこそ、何か習慣を変えたいと思うのなら、5％の意識で『頑張る』ことを選ぶより、無意識で感じる『感情を味方に』つけたほうが断然効率がいい。そして、基本感情で選んでいれば、続けること自体が心地いいので、勝手に習慣化していくのです。だから、『頑張らない』選択のほうが、すごい効果が出ます。今日から、『頑張る』ことを全部やめてみませんか？

ステップ1【あなたの人生に絶対必要な感情ってなんでしょうか？】
ステップ2【その1番好きになる感情になれる行動はなんですか？】
ステップ3【基本感情になれるもの以外、全部捨てて行動する】
この3つのステップを実践し、基本感情を軸に日常を過ごしていると、自分の生活で感じる感情の純度がどんどん上がります。

脳は『こうしなきゃ』を激しく嫌います。なぜかというと、ストレスホルモンを出す可能性のあることを、理性によって実行している状態だからです。なので、『こうしなきゃ』を排除することは、行動の効率をアップさせる方法の1つです。
そのために、自分にとって最高の感情で生活を埋め尽くすのです。

もう、お分かりのように、感情断捨離とは、いらない感情を捨てよう！ではないんです。『必要な感情だけを選ぼう！』なのです。その結果、基本感情以外の感情は、知らないあいだに消えていきますよね。イヤな感情は断捨離されてしまうという、ストレスのない、脳にも自分にも優しい最高の方法です♡

『悩み』は脳を味方にしてポジティブに解決

これまでに述べたこと、しっかり咀嚼できましたか？

とはいえ、いますでにある悩みや人間関係、どうしてもやらなきゃいけないこと、そして自分だけではどうにもできないもの、きっと皆さんあると思います。

『そんな簡単に基本感情以外を全部捨てられないでしょ……』

そう思っているあなたへ。次は悩みがあるときの方法をお伝えします！

まず、すべての悩みへの対処法は、
【『感情断捨離』できないことを、『好き』に転換させる】

悩みと一言で言っても、様々な悩みがあります。ここでいう悩みとは、自分の中だけで悩んでいること、または相手がいる場合でも一方的に悩んでいる場合を指します。相手が居て喧嘩して言い合う、のような双方向の性質のものは次項となる『不快な人間関係』のところを参考にしてください。

さて、今、悩んでいることには、

『どんな感情が『無い』から、悩んでいるのか』を理解してください。きっと、ほとんどの悩みには、前項までにやってきた基本感情が『無い』または足りていない場合がほとんどです。

『本当はこうだったら最高なのに〜！』という最高の形が存在するはず。この最高の形と今の状態の『差』、どう違うのかをまず確認していただきたいのです。

『転職しようか悩んでいる』4年前の私を例にすると、

『本当は大好きなことだけで自由に好きな分だけ働けたら最高なのに〜！』

だけど、現実は、人間関係、書類、業務時間にも縛られて疲弊していく毎日。

無いのは『嬉しい〜！』という感情でした。

こんなふうに自分自身の『悩んでいるときは、どんな感情が無いのか・足りないのか』を振り返ってみてください。悩んでいるときに、感じる感情ではありません。絶対必要なのに無い感情・足りていない感情です。このステップは特に大事なので、しっかり読んでくださいね。

実は、『悩み』という現象を、脳は『脳内に今ある情報では、解決できないもの』と捉えています。お伝えしていますように、基本的に脳は『身体にとって安全』を好みます。例えば、赤ちゃんがこけてもこけても歩けるようになっていくのは、赤ちゃんが何回もチャレンジすることで、脳は歩けるようになるための情報を学習していくからです。脳は『こけても歩こうとする赤ちゃん』の情報を何度も繰り返し得られるので、常にその情報を基に、『安全』を創り上げていきます。この原理は大人も一緒です。悩んでいるとき＝脳への情報不足であるケースがかなり多いです。脳が、悩みを『脳内に今ある情報では、解決できないもの』と判断するとき、身体にとって〝安全〟とは判断されなくなります。
では、何をどうすればいいのか？

悩みを解決するのに有効的で、私自身もやっている具体的な方法をお伝えしていきます。♡

悩んでいるのは『やったことのないことを、しようとするとき』が多くないですか？　私自身も4年前までそうだったから、すっごく分かります。

脳のシステムからすると、『やったことのないことを、しようとするとき』に悩むのは、当たり前のことなのです。悩んでいる時間は、あたかも自分は暗い世界にいるように感じます。実はこれは、脳にとって情報不足が起きているからです。言い換えると、安全だと脳が判断できるだけの材料が揃っていないだけです。そう、このときに大切なことは、必要以上に『怖がらない』こと。
だって、『やってみたい』あなたのその想いは、基本感情（これが一番好き！　な感情）を得られる未来を信じているからですよね？　それを『怖い』感情になるのは、とってももったいないことなんです。悩みの解決にオススメする方法は、

【過去に同じように悩み、今うまくいっている人の元に居座ってみること】

先ほど『どんな感情が無いか・足りないか』を見つめていただいたのは、このためです。前述したように、人は視覚情報と聴覚情報から多くの情報を得ています。ということは、その視覚・聴覚情報からの刺激によって、感情をもコントロールできるということ。

過去にあなたと同じ悩みを持っていた人で、今はうまくいっている人の元へ行き、未来の自分を『脳に見せてあげる』のです。

実際、これは私が4年前に実践した方法で、その当時起業家の知り合いが周りにいなくて、解決した自分のイメージなんて到底想像もつきませんでした。ですが、そのままでは解決する糸口すら見つからなかったため、インターネットで検索し、自分と同じくらいの年で自由に働いている人を見つけて東京まで会いに行ったことがあります。

その方は、私よりも1つ年下で、お会いしてお話を伺うと、私が想像していた以上に上手くいっていることが分かりました。そして、その方が自由に働く願いを叶えるために、何をしたのかを事細かく教えてくれました。その方に会ってからというもの、この悩みは解決できるものなんだと分かり、ウキウキしたのを今でも覚えています♡

そう、これは脳が喜んでいることを感じた最初の感覚だったかもしれません。

このように、実際に解決済みの人に会うことは、『脳を味方に』することになり、脳内にある組織が上手く使われることになります。脳内のネットワークはたくさんの部位を介していますが、その中の1つ、『脳幹網様賦活系（通称、RAS。以下RAS）』という部分をご紹介します。

RASの部位は、『目の前で起きる視覚情報のフィルター役』を担います。どういうことかと言うと、『目の前で起こることを無意識に選別し、情報をインプット』させる機能のことです。脳の活動を支配するコントローラーとも言われています。

無意識に選別というのは、例えばこのようなことです。

◇失恋してすぐ、元恋人と同じような顔の人がなぜか目につく

◇妊娠を望んでいると、妊婦さんが目につく

◊白いシャツが欲しいと思うと、雑誌や街でも白いシャツばかり目につく

これらは『無意識』なのに、『なぜか目につく』ことにびっくりさせられる経験を、誰もがしているのではないでしょうか？　これは全て、ＲＡＳの仕業です。失恋してすぐに、元恋人のことなんて忘れてしまいたいのに、同じような顔の人が目につくのは、なぜでしょうか。それは、あなたの『脳』はそれを探しているからです。知らず知らずのうちに意識している、と言ったほうが正しいでしょう。

『悩みを解決する』に話を戻しましょう。この脳の仕組みを利用し、悩み続けるよりも、ＲＡＳに同じ悩みを解決している人の体験談をインプットさせるのが一番効率が良く、しかもあなたが傷つかない方法です。今の自分と同じような悩みを持っていた人を探し出し、コンタクトを取り、その人がやってきたことを教えてもらいます。

この時のポイントは、できるだけ『リアルで会うこと』です。

視覚情報や聴覚情報から多くの情報を得るというお話をしたように、大切なのはその情報を単に知ることではなく、自分が『あ、これなら私にもできるかも』と思えることなんです。ですで、その人が悩みを解決するプロセスで、どんな出来事がありどんな感情だったかを、できる限り聞きだし理解すること。それから、自分に置き換えてイメージすること。ここまでできたら、あとは、自分自身でその人がやってきたことをただやってみる、それだけです。

あなたと同じ悩みが過去にあったけれど、既に解決し、悩んでいたときのことを話しながらウキウキしている。そんな人の姿を、雰囲気と共に感じてみてください。オンラインでもいいかもしれません。

すると、脳にとっても、自分自身にとっても、これ以上に安心感を生むことはありません！

だって自分の未来をその人が見せてくれているわけで、解決した後の姿まで『ナマ』で見せてくれているのですから。

私は悩みを解決したいと思う時はいつもこの方法を実践しています。すると、あんなに悩んでいたのに、知らない間に解決されていた！　なんてことがよくあります。そのほとんどの場合、自分が思っているより意外と簡単に解決できちゃうことだったりします。もう、そこで悩む時間がもったいない！　分からないことがあるのなら、なんでも聞いちゃえばいいのです！

悩みを解決したい！　その時に意識すべきは、【いかに、『快』に近い状態で悩みを解決していくか】なんです。

悩みを解決しなきゃ、ベースではなく、知らない間に解決してしまっていた。『あ～そんなことで悩んでたんだな～』って後で笑えるくらいがベスト。

これが最高の形だと私は想います。

悩んで気持ちが沈んでしまうその前に、困ったことがあるなら、すぐに『悩みの先輩』に会って話を聞き、解決済みの未来を自分の脳に見せます。未来の姿を見せるだけで脳は快になりますね。

これができると、困ったことが悩みになる前に対処ができるようになり、結果、実質的な『悩み』は減っていきますよ。

そして、今度はあなた自身が、他の誰かの悩みを解決できる未来像にもなることができるのです♡

『人間関係の悩み』脳で解決できちゃいます

ここまで『感情断捨離』により、要らないものを断捨離するための方法をたくさんお伝えしてきました。ですが、一番手放すことができないもので、よくご相談いただくのが『不快な人間関係』です。特に職場が大きい場合、この問題は起きやすい傾向にあると思います。

実際に私も病院勤務のとき、この人間関係の問題には度々悩まされました。では、人間関係に悩んだ時、どうすればいいのでしょう？
解決策があるのでご安心ください！　ポイントは2つです。

ポイント1【その人間関係がなぜ不快なのか、を知ること】

その人間関係による『不快』とは、どんな感情ですか？
たとえば、私は新人の頃、職場でよく感じていた不快な人間関係は『先輩』という権力を振りかざし、なんに対しても新人ができないことを、いちいち責めるように嫌味を言ってくる先輩がいた』ことです。これに関しては胃腸炎を起こしてしまうくらいストレスで、今振り返っても不快でしかありません。とうとう『できないなら死ねば？』と言われたことだってあります。

あまりにも嫌で繰り返し悩み何周もしたとき、ふと『何で嫌なんだろう？』と自分に問いかけたことがあります。その時、その人間関係で私の感じた不快な感情は、『出来ないことを責められて〝悔しい〟』だったことに気付きました。なので、その悔しさを埋めるために、私は先輩に褒めてもらうことを目標とし、猛勉強を始め、その先輩の目の前で結果を見せていきました。

するとどうでしょう。約1年半後には、『麻衣ちゃん、めっちゃ勉強してるね！オレ追い越されたかも』と言ってもらえたのです。その瞬間、周りにいた同僚が一気にこっちを見て、ガッツポーズをしてくれたことは忘れられません♡それからというもの私の不快感は激減し、同時にストレスもみるみる減っていきました。

この時は、単にイビられることが嫌だったわけではなく、それによる悔しさが原因だっというわけです。『その人間関係がなぜ不快なのか？』『その人間関係により、どんな感情を感じてしまうから不快になるのか』を知れたことで、やるべきアクションが分かりました。そして、2つ目のポイントは、

ポイント2【その感情を減らすためにどんな感情があればいいかを知ること】

不快な人間関係になってしまう感情を、好きな感情に置き換えるのです。好きな感

情を得るために、どのような行動を選べばいいかは、もうお分かりですね。『ただ嫌だから』では何も解決しないし、人間関係がどんどんストレスと化していきます。

本質はソコではありません。押さえておくべきポイントは、私も相手も【感情で生きている】ことです。その上で『感情ベースの解決策』を踏むこと。これは、家族の人間関係、職場での人間関係、そしてパートナーシップでも、どんな人間関係においてもベースは同じです。

どんな感情から不快は生まれて、どんな感情があれば不快じゃなくなる？

それを自分自身で導くことができたなら、どんな人間関係でも居心地のいい関係に変えていけること間違いなしです♡

『イヤだけど、やらなきゃいけない』を『楽しい』に変える方法

さて第2章、ラストの項目です。ここまで読んできたけれど、まだ解決しないことがある！　なんて方もきっといるはずです。そこで、この項目では、『その他のどうしてもイヤなことへの対処方法』をお伝えします。あなたが、理屈じゃなくて『どうしてもイヤなこと』って何ですか？

◇どうしても料理が好きになれない
◇どうしても仕事がイヤだ
◇どうしてもお風呂に入るのが面倒くさい

こんなふうに『やらなきゃいけないけど、やりたくないこと』ってありますよね。

分かっているけど、ついつい先延ばしにしちゃって、どんどん追い込まれていくあの感覚、本当不快でしかありません！　笑。

テスト前の試験勉強も同じような感覚ですよね。テスト前、一夜漬け女王だった私は、次の日がテストという緊張感の中で勉強をしなきゃいけない、という感覚がものすごーく苦手でした。ちゃんと計画を立てて実行できるタイプの人だったらよかったのに、と何度自分をうらんだことでしょう。

『イヤだけど、やらなきゃいけないこと』を『楽しいもの』に変えるために、

私がオススメするのは、【環境の設定】です。

分かりやすく言うと、どうしても必要なことを、大好きな空間＝大好きな環境でやることです。たとえば、料理がどうしても好きになれないのなら、

◊大好きな音楽を流しながらやる

◊お気に入りの調理器具を全部揃えてからやる

◊色々な調味料を揃えてみる

今は、本当に便利な時代です。スマートフォンで音楽をすぐに流せますし、近くのお店に売っていないものでも、ネットでいくらでも手に入ります。『環境』はカンタンに整えることができますね！

お仕事だってそうです。お仕事に関しては、第1章でもお伝えした、『どんな感情を感じられたら最高？』も、環境にプラスしてうまく使います。

例えば、【誰かに勝って達成感】を得たいと思えば、ライバルを作り、競い合う。【みんなでワイワイ楽しくしたい！】と思うのなら、いやな作業をワイワイでできる環境を作るなどです。これは私が実際に病院勤務の新人時代にやっていました。勉強が大嫌いだけど、新人の頃はレポートを作るのが仕事だから、やらなきゃいけない。そんな時は同期のみんなと、ワイワイしながらレポート作りを一緒にやってもらったりしていました♡

そう、『やりたくないけど、やらなきゃいけないこと』って、ほとんどの場合は、環境を設定するだけで解決できることってかなり多いのです。環境を設定するということは、脳に心地いい感情を感じさせる作戦なのです。勉強だけだと、意識的に頑張ることを強いることになります。そこに、『無意識的に直感でワクワクする』楽しい要素を付け加えることで、頑張ることへの意識は減り、同じ勉強でも心地よくやることができるわけです。

勉強をワクワクしながらやるのは、誰かと一緒とは限りません。

◊大好きなアロマを焚きながらやる
◊大好きな場所でやる
◊大好きな音楽を流しながらやる

などなど、たくさんの方法があるかと思います。

今でも、たま～に出てくる『やりたくないな～』と思うことも、『どうしたら楽しくできるかな?』と自然と思考の転換をすることができるようになります！　そう、

『やりたくないけど、やらなきゃいけないこと』は、大好きなことをプラスして『好きなことに転換』してあげましょう♡

どうでしたか？　こうやってみてみると、ほとんどのケースで解決できていきますよね！　なんでも〝やり方〟次第！

大切なことは、何でも『基本感情』に持っていくことです。悩むときに、足りない基本感情は何ですか？　やりたくないことに、どんな環境があれば基本感情になれますか？　基本感情に忠実に、是非是非やってみてくださいね！

『好きでも嫌いでもないこと』実はストレスの元

ここまでたくさんの方法を、脳の仕組みとつなげてお伝えしてきましたが、いかがでしたか？

脳の仕組みがこんなに私たちの生活に密着しているなんて！　と感激してもらえたら、すっごく嬉しいです。意外と私たちは、無意識に『こうしなきゃ』、『こうであらねば』という思考に縛られていたりするものなのです。それは私自身も、23歳の時から脳の勉強をし始めて気付きました。

きっと私たちは小さい頃から、いろいろなルールに縛られ、大人になって行くにつれて、言われていない、指示されていないのに、周りに迷惑がかからないであろう選択を無意識にし続けていたりします。

いわゆる【空気を読む】ということです。

これにより、幾度となく、自己犠牲をしてしまっていることも少なくありません。やらなきゃいけないことって、ルールとしては最低限存在します。

無意識な思考の縛りは、間違っても脳にとって心地いいものではありません。だって、その情報を元に、脳からは幸せホルモンよりストレスホルモンが放出されるのだから。そして、そのホルモンが全身に回ることを考えたら、怖くないですか？　ストレスホルモンが放出されれば何が起きるかというと、様々な消化器官の働きの低下です。ストレスが高い人が病気になりやすい。これは間違いなく本当で、病気になる最初の原因は、ほとんどがスレスだと言ってもいいでしょう。

ここでいうストレスとは、『快』以外のすべての情報です。

好きでも嫌いでもないことも含まれます。この好きでも嫌いでもないことが、意外と生活の中には溢れていたりして、それを自覚していないことが多々あります。

あなたの周りには、好きでも嫌いでもないことが、どれだけありますか？

その好きでも嫌いでもないこと、知らないうちに身体にストレスになっているかもしれません。ストレスを感じたら、基本感情を思い出してくださいね。

【人は脳で生きている】

だからこそ、うまく毎日を生きるためには『脳を味方に』つけて、効率よくスルッと想いを現実にしていきましょうね！

自分の望むことや夢は、チャンスをただ待つだけではなく、自分自身で叶えるもの。したたかに、かつ大胆に叶えていきましょうね！

成功CASE1

○大好きなことだけして3カ月で10キロ減のダイエットに成功

私は、ダイエットを始めてもう20年以上になります。ずっとダイエットしていて、なかなか痩せないので、ダイエットのことが頭にありながらも諦めの日々。そうだ！『脳を味方にする』メソッドを使おうと早速スタート。

まずは、断捨離です。あれはダメ、これも食べちゃいけない、9時以降は食べるの禁止！　などなど制限ばかりの『好きじゃないのに、やらなきゃいけない』ダイエットを止めました。

それから、『自分の好きなこと』でダイエットにつながる作戦を練って実行。食事を好きな物に変えたり、大好きな大自然を満喫できるお散歩でカロリーを消費することに目を向けました。

すると、1か月でなんと5キロ減！　3か月で10キロ減のダイエットに成功したのです。

『やらなきゃいけない』から『好き』という感情になれる行動を選んだことで続けることができ、『快』の感情のまま自然に体重が減っていきました。

Chapter 3

脳を味方にするメソッド2
『私的自由脳』

主観的幸せを手に入れる

私的自由脳《わたしてきじゆうのう》とは

さて、いよいよ、〝私的自由脳〟の詳しい説明に入らせていただきますね！

『私的自由脳』は、私が作った造語です。

私的自由脳とは、自分の憧れている〝自由〟を丸ごと叶えてくれる〝脳〟という意味です。

人は、大なり小なり日々様々な『願い』をして、叶うことを願って生きる生き物。

私も今までたくさんのことを願ってきました。中でも第1章に書いた、『働きかた』についての願い。私がサラリーマン時代に願ったことは、本当に切実で長期間悩み続けた末の、願いでもありました。そんな『絶賛病み病み』のときに、1つだけ疑問に思ったことがあります。

私も含め、【誰もが日々、願っている願いの『根本』ってなんだろう？】

人それぞれ願いは違って、叶う人と叶わない人がいる。そもそもそれって何がどういうふうに違っていて、何が根本にあるんだろう？　そんな哲学者みたいな疑問でした（笑）。考えに考え抜いた結果、行き着いた答えは、

【みんな〝私的自由〟を望んでいる】ということ。

そう、みんなが望んでいるのは、

◇会社で昇格する
◇ビッグな案件を成功させる
◇有名になって、お金持ちになる！

みたいな、いわゆる社会的に認められることばかりではなく、『私が幸せになれるための自由』だと想うのです。

だからそれは、もちろん全員違うはずだし、同じなはずもありません。どんな場合でも、いつだって『私的に見て私は幸せ』であれば、何も問題はないわけです。それを誰に正される必要もないし、批判される必要もないですよね。

だから目指したのは『私から見て、最高に自由になること』。

この瞬間が、まさに『私的自由脳』の発祥です。実はこの〝私的自由〟というのは、私の願いと同時に、脳が望んでいることでもあります！

脳は、五感を材料に一番安全で、かつラクな道を選択しようとします。それにもう1つ使われているのが、過去の記憶です。どういうことかと言うと、過去に辛い経験があったら、今また同じことになりそうなときは警鐘を鳴らしてくれます。反対に、過去に嬉しい経験があったら、今またそうなれそうなときはゴーサインを出してくれるのです。

そう、私たちが想う『自由』っていうのは、いつだって自分の過去の経験から考えて、脳が出した答えでもあるのです。

例えば、私の過去の話でいうと、私が起業をしようとしたときのこと。熊本に住む私の周りには、女性の起業家なんて本当にいなくって、1人で自由に起業するというと鼻で笑われ、不思議な顔をされ、反対されたこともたくさんありました。きっと心配をしてくれていたのだと今なら分かりますが、当時はただ悲しかった……。

そのときに『麻衣ちゃんなら絶対大丈夫！』って言ってくれたのは、ほんの数人です。29歳だった私が、旅を仕事にして好きなことだけを仕事にして。本当に好きなことを好きな分だけ働く方法を4年間続けてみた今、当時『本当に大丈夫？』と言って心配してくださった方たちが、『どうやったの？　私にも教えて！』と言ってくださるようになりました。

きっとこの現象も、当時の『その人たちの』実現できそうな自由の概念と、そのとき『私が思っていた』実現できそうな自由の概念が、ただ違っていただけのこと。本当に、ただそれだけなんです。当時の私の願った自由は、飛躍しすぎていたのかもしれませんが、それが、私的に見て最高の自由でした。

とても嬉しいことに、私が4年間自由に生きていることが、そばで見ていてくださる方々の記憶に残ったことで、その方々の脳はそれを安全と感知して、方法を知りたいという望みに変わったのだと思います。これは『私の自由』が、なんだか認められたような気がして、すっごく嬉しい体験でした。

自分自身に『私的自由』を叶えてあげることで、私の望む世界は叶えられて、さらに私にとって最高の世界を創ってくれます。だから、私的自由に正解も不正解もありません。

とは言うものの、『私にはそんなすぐにはできないよ……。』と想ってもしもあなたが絶望しているとしても、大丈夫です。この章では『私的自由脳』を創るための方法を、惜しみなくお伝えしていきます。しかも、その方法は難しくなく、誰にでも今日からできることです♡

なぜ『脳』なの？

なぜ、脳科学者でもない私が、『脳』に興味を持ち、こうして脳についての書籍を出版までするようになったのかをお話していきます。

最初に私が『脳』に興味を持ったのは、理学療法士の新人時代に、偶然受けた脳の研修会でした。その研修会は、脳卒中や脳梗塞など『脳疾患の方へのリハビリ』の考え方について学ぶものでした。そこで、私は大きな衝撃を受けることになります。

実は脳の中は大きく分けて9個のパーツで成り立っています。さらに、その中でも部位が分かれて、神経線維と呼ばれるものでつながっています。神経線維も大きく分けて3種類存在します。各部位がそれぞれ違う役割を持ち、その上で部位同士が神経線維でつながり活動しています。ですので、脳内を診るときには、そこの部位だけでなく、つながりで診ていくことが大切です。

研修会では、足がブランブランな麻痺だった患者様が、杖も使わずにスッスッと1人で歩けるようになったり、手が完全麻痺で動かなかった患者様も、数ヶ月後にはギターを弾けるようになったりした事例を学びました。それをリアルな資料で見て、『え！　こんなことできるの！　すごい！　やってみたい！』と熱烈に脳の仕組みが大好きになりました。現に私の患者様の状態も、『なぜその患者様がこうなっているのか？』を私が勉強して追求していくことで、びっくりするくらい改善していきました。

一番驚いたのは、体重80キロのおばあちゃん。脳梗塞を多数発症し、意識がもうろうとしていて、片方の手足が完全麻痺で動かせなかった患者様の驚異的な快復です。

新人ながら勉強したとおり

◊この人はなぜ麻痺になっているのか？
◊なぜ意識がもうろうとしているのか？
◊この患者様はどこからアプローチすればいいのか？

日々考え、お互いに毎日汗びっしょりになるくらい、リハビリを続けました。そしたらどうでしょう。その患者様、笑うようになったのです。そして、なんと退院のときには、杖も使わず1人で歩くことができるようになっていたのです！

もし、この方が歩けるようにならなくて車椅子のままになれば、80キロある体を介助してもらって自宅で過ごすことができるだろうか？　とすごく不安でした。1人で歩く姿を見たときは、本当に胸を撫で下ろしました。

前章にも書きました。同時に、このとき想ったんです。脳に損傷を負っている方がこんなに改善している。ということは、脳に損傷を負っていない私たちの可能性ってもっともっと無限大なのでは？　この『脳』の知識って、私の日常生活にも使えるのでは？　と。

とは言え、この知識はあくまで『脳医学』の範囲。そんなにうまくはいかないかな？　と想っていました。が、脳の中にはいわゆる無意識で引き寄せを起こしてしまう部位や、やる気やモチベーションをコントロールする部位もある。ということは、私たちがやりたいことを叶えることにも使えるのでは？　と想ったのです。

言っても考えても、それだけでは証明不足。その理論を正しく説明でき、さらにそれを私自身の身体で実験する。そう、『私が想う最高の世界を達成できるか』を試してみることにしました。その結果が、今までに書いてきたこと。誰もが難しいと思っていた、私の願う最高の世界は、想像以上の速さで全部叶っていくことになりました。

『脳』について一生懸命勉強し、豊富な知識を得て、さらに自分の身で体感や実証してきたことがあるのに、誰にも教えないなんてもったいない！　というわけでこの本で大公開しています♡

この方法が使える条件は、『脳』があるヒトであること。そう、みんなに当てはまります。だから、必ず、あなたの身にも、この方法は幸運をプレゼントしてくれるはずです！　ぜひ一緒にやってみましょう！

『脳は本心を現実にする』ってどういう意味？

【脳はいつも命を守るために働いている】

こんな言葉を見たり聞いたりしたことは、ありませんか？　最近では、脳についての情報もあちこちで見られますので、『脳は命を守ることを最優先する』という内容を、一度や二度は見たことがあるかもしれません。これがどういうことか、解説していきますね。

基本的に、脳は『安全』、かつ一番『ラク』なものを選択するという法則がります。何に対しても、手短に済ませよう、というシステムが存在します。なぜかというと、脳はストレスホルモンがイヤなので、命を守るための安全な道を選ぼうとします。

では、脳にとって『安全』、かつ『ラク』に命を守る方法とは？
それは『欲望のままに叶える』ことです。

え⁉　欲望のままって？　というかんじですが、ここでいう欲望とは、本当はこう想っている、という正直な『本心』のことです。欲望＝本心とお考えください。例えば、脳は、人の『食べたい』欲望を、食べ物や匂いにより叶えてようとします。お腹がすいたら、あ〜これ食べたいな〜って食べ物をイメージさせたり、いい匂いで欲望を増強させたりします。それが例え授業中でも、食べたい！　という欲望を叶えるために、グ〜ッと音をたてさせることさえもいといません（笑）。どんなに『今は食べちゃいけない』『今はお腹ならないで』と願ったところで、『本心』は食べたいので、脳は食べたい欲望を叶えようとするわけです。

欲望を欲望のままに叶えるのが、脳の基本原則。これは特別なことではなく、私たちの何にでも共通して言えることです。例えば、『起業したい！』ときも同じです。『起業したい！　でも、リスクあるし、めちゃくちゃ不安……』

この場合、脳は『本心』を叶えてあげようとするので、最後の『不安』を現実にします。なので、上手くいかなかった人の経験談が目に入ってきたり、できない理由を探してみたりします。結果、やりたいことが阻害され、叶わないのです。

そのようなことが積み重なると、願いなんて叶わないとなりがちですが、本質は、やりたいことや願うことが、

本当の意味での『本心』になっていないから叶わないのです。

◇やりたいことはあるけど、不安
◇夢はあるけど、どうせ叶わないよね
◇夢はあるけど、自分がそうなれる想像がつかない！

脳が感知する本心は、『〜〜けど、』より後ろのところ。だから、『叶わない』、『そうなれる想像がつかない』を現実にするために脳は情報を集めはじめるのです。

このように、自分の想いを脳は実現させてくれるから、結果、実はいい意味でも悪い意味でも、全部叶っているのです。だってそれが身体にとって、一番負担が少なく、命を守ることができる最高に安全でラクな方法だから。

もし、『なかなか叶わないな〜』って思っている人がいたら、もしかしたら、叶わないほうが安全だと脳が判断しているかもしれません。

『ニヤニヤ』で脳が勝手に願いを叶えます

では、その『本心』についてもう少し掘り下げていきます。

脳から見た本心は、前述しているように『身体にとって安全で、ラクなもの』。

もし、あなたに今『自由になるための願い』があるとしたら、その願いを本当の意味での『本心』にすればスルッと叶っていくことになります。

その願いが叶った瞬間、あなたの脳から、幸せホルモンがドバーッと溢れ出すでしょう♡

その鍵を握るのが、叶えたい『未来へのイメージ』です。


願いを本気で叶えようと思うのならば、それ以外の、マイナスな感情を感じてはいけません。なぜなら、そのマイナス感情＝本心となってしまい、マイナスなほうへ勝手に叶ってしまうから。

『え～～～そんな不安をなくすなんて自力では無理だよ～～～～』と思ったあなた。

そう、無理。大正解です（笑）。脳は、意識下でのネットワークと、無意識下でのネットワークの2つのシステムで動いており、その95％以上が無意識下でのネットワークでの活動と言われています。


要するに、不安は無意識の領域で起きること。不安を意識的に感じようとして感じている人なんていないのです。それでも不安を感じてしまうのは、紛れもなく無意識下のネットワークにおいて感じた感情だからです。しかも、意識下の不安もプラスされるものだから、リスクばかりを考えてしまうという……本当にもう、めんどうくさい～！

ですが、仕方ない！　とあきらめなくても大丈夫。もちろん対策があります♡
その対策とは、2つの脳の仕組みを使っていきます。
1つ目は【脳は、プラスとマイナスの感情を、2つ同時に感知できない】
2つ目は【脳の活動の大きさは、使う面積に比例する】

1つずつ説明していきますね！

1つ目の対策【脳は、プラスとマイナスの感情を、2つ同時に感知できない】

脳は、プラスかマイナスどちらか1つだけを感知するということです。これは誰もが体験しています。あなたが楽しい！　と思っていることをしている時、同時に恐怖を感じたことはありますか？　友達と行ったディズニーランドで、大好きなピーターパンのアトラクションに並んでいるとします。その時、同時に恐怖心はあるでしょうか？　ないですよね。きっと、アトラクショナに乗ったときのことを思って、ウキウキしているはずです。


こんなふうに、人は、同時に違う感情を感じることができないのです。

だから逆の場合も同じ。不安や恐怖を感じている時に、同時に楽しい・嬉しい感情なんて感じられっこないんです。

このシステムをしっかり使っていけば、『本心』は１つです。『願いを叶えたい』部分に、マイナスな感情がこないようにします。そのためには、
願いが叶ったら、どうなれるのかを具体的に書き出して、【ニヤニヤ】すること。

たったこれだけでオッケー！　ポイントは、『ニヤニヤ』することです。

人はその瞬間、１つの感情しか感じることができません。

願いが叶ったときの自分像をイメージして、『もう、こうなったら最高すぎるっ♡』ってニヤニヤするのです。そして、その感情を感じる瞬間を、生活の中で増やします。

特に脳は、就寝前の1時間〜2時間、起きた直後〜2時間程度が『ゴールデンタイム』と言われていて、脳に記憶されやすい時間帯があります。そう、ゴールデンタイムは記憶力が増す時間帯。だからまずは、ゴールデンタイムを『ニヤニヤ時間』にするだけで、不安を感じる時間は大幅に減少します。『ニヤニヤ時間』を記憶力の増す時間帯に設定すれば、ニヤニヤ時間＝叶えたい！　感情を、脳に覚えさせやすくなります。

効果的なのは日記です。メモ書き程度の日記で大丈夫ですので、今日の出来事とそのときの感情を、書き留めていくのがオススメです。今日感じたマイナスの感情と、プラスの感情の割合を確認できます。見える化ってすごく有効的なので、ぜひノートに書いてみてください。2週間も経てば、プラスな感情が増えているはずです♡

『脳は、プラスとマイナスな感情を２つ同時に感知できない』仕組みをうまく利用し、

ゴールデンタイムにニヤニヤして、日記をつけて感情を書き留める

そうすれば、『願いを叶えたい！　けど、不安』の中の不安の感情が減り、叶えたいプラスの感情が増えていきます。

２つ目の対策【脳の活動の大きさは、使う面積に比例する】

脳は実に様々な部位に分かれています。
◊快と不快を瞬間的に感じる部位
◊感情を感じる部位
◊行動の遂行を決める部位
◊運動をしていく部位
◊五感を感じる部位など本当に様々です。

脳がやることは、大きく分けて4つ【感じる、想う、発する、動く】です。
◊感じる：刺激を感知すること。
◊想う：ただ感情を感じ、考えることや決めること。
◊発する：それを話したりして自ら発すること。
◊動く：実際に行動に起こすこと。（ここでいう〝行動〟とは、身体の動作を伴うものを指します。

部位により面積が異なり、広いほうから順番に【動く＞発する＞想う＞感じる】となります。また、脳の活動というのはそれぞれの部位での役割とは別に、色々な部位同士の『つながり』で動いています。そのつながる部位の数が多ければ多いほど、脳の活動の大きさが大きくなるというわけです。

私たちが行動を制限する要因でもある、不安や恐怖心などのマイナス感情を感じているのは、『感じる』部位や『想う』部位です。『想う』ことをしているとき、脳の中ではそれぞれの部位が『単一的』に働いています。

そう、『想い』って、私たちのメンタルの上下にすごく影響します。その想いのせいで行動が制限されていくものなのです。感情に左右され、悩みとなり恐怖となり、体調さえもくずしてしまいます。こんなとき、覚えておいてほしいのは、『想い』は、脳の中の狭い面積で行っていることに過ぎないということ。

だから、メンタルが弱って体調をくずすのは、単なる『脳からの警鐘』なのです。

おさらいしますね。脳の活動の大きさは、面積に比例します。広いほうから順番に【動く＞発する＞想う＞感じる＞】となります。感情を感じる『想う』や『感じる』の面積は、とても小さいのです。

『想う』や『感じる』に打ち勝つものがありますね！

そう、『発する』と『動く』です。

まずは、『発する』ことから説明していきます。ここでいう、発することとは、主に『話す』ことです。基本的に人が何かを発するときは『感情』が伴います。人は『想って（感情）↓行動』する生き物です。

脳の面積は『発する＞想う』の順番。ですから、脳は、想っていることよりも、発していることを信じようとするわけ。しかも人間の脳には『アウトプットされたものを覚える』という性質まであるんです。想う脳より、発する脳のほうが面積が大きくよく働き、さらに発したことは脳に記憶されていきます。これって、脳が面積に比例して活動いてくれて感謝しかありません！（笑）。

【脳の活動の大きさは、使う面積に比例する】

動く＞発する＞想う＞感じる。

不安な想いがあっても、叶えたいことを口から発することで、不安に打ち勝つことができます。そこに『動く＝行動』が加われば、鬼に金棒！といったところ。脳の仕組みを味方にすれば、脳がやりたいことを確実に叶えてくれるのです♡感謝ですね！

脳の大好物『幸せ』をあげたら、どんどん夢が叶う

この項目は、これまでのまとめになります。その前に、脳には、叶えたくてたまらなくなっちゃう『夢の見方』が存在します。料理にレシピがあるように、やりたいことを叶えるためにも、材料や順番があります。

脳の観点から見た、脳が叶えたくなる『夢』は、

【幸せ体になれるもの】

もっと言うなら、それによって思いっきり、脳が『快』になれて、幸せホルモンがどんどん放出されるもの、ということになります。身体の中の消化器官やその他の組織が、今よりもっと元気になれる可能性が高いもの。実は、これが脳の大好物なのです。

逆に言えば、そうなれない可能性が高いものには警鐘を鳴らして教えてくれます。そうなれない可能性が高いものというのは、マイナスの感情です。

不安は脳からのお知らせ『それをやるとストレス体になるよ！』

いわゆる、『不安』や『疑心』。

何かにチャレンジしようとしたときに出る、この不安や疑心などのマイナスな感情は、脳が『それ、ほんとに大丈夫？　ちゃんと幸せホルモン出せる？』って聞いているだけなのです。ですが、私たちは不安や疑心を『できない理由』と勘違いしてしまい、なかなか行動できなくなってしまいます。脳が『幸せホルモンよりストレスホルモンを出す可能性もあるから気をつけてね！』ってただ教えてくれているだけなのです。

だから、不安や疑心があるときは、必要以上に考え込んだり怖がったりするのではなく、脳に対して『そんなリスクを教えてくれてありがとう～！』と軽～く流しておくくらいでちょうどいいのです！

不安という感情は、あなたの願いが成功するかしないかが、分からないのではなく、

【不安という感情は、ストレスホルモンを出す可能性があるだけ】

それを認識できると、自分の中から出てくるマイナス感情を俯瞰して見ることができるようになります。不安や迷いが悩みとなり、負のスパイラルに入ることがなくなるので、行動しやすくなりますよ♡

どうしても不安になるときは、夢が叶った未来を脳に提案してあげてください。自分が自分にプレゼンしてあげるイメージです。

いわゆる『ぶりっこ』ちゃん、夢見る夢子ちゃんと言われるような人たちのように、『あのね、私は○歳になったら白馬の王子様が迎えに来てくれて、おっきなおうちに住んで、毎日遊んで暮らすの～♡あ～もう幸せ～♡』みたいなこんな感じで。これは脳が感知しやすく、かつ叶えやすい夢の見方です。いわゆる『妄想』ですね！

芸能界のぶりっこちゃんは、すっごいスピードで有名になっていく人が多い気がします。

妄想の正しいレシピ

妄想するときに大切なのは、『順番』と『具体性』です。

あなたがどうなるのかの順番と、どういう気持ちになれるのかを、脳にちゃんと教えてあげます。なぜなら、どうなるか分からない未来は情報不足で、脳は嫌いだからです。脳を味方にするには、『この願いは身体にとって良いことなんだよ』と脳に教えてあげるのです。


例えば、『起業して自由に働きたい』という願いがあるとします。こんなとき、ほとんどの人が、『自由』といった『漠然とした内容』を願い続けます。ですがこれではうまくいきません。そうなることで身体がどうなれるのか、脳に説明していないからです。もし、あなたがそれを本気で叶えたいなら、自由に働けるようになるまでには、どんな道を辿るのがベストなのか、脳に提案してあげましょう。脳へプレゼンするのです。

この例でいくと……

（1）まず自由に働くために必要なことを知る
（2）自由に働く準備を◯月までにする。
（3）今している仕事を辞める、もしくは抑えて続ける
（4）自由に働くための必須条件をクリアする
（5）〝自由に働く〟をゲット‼

大きく分けても、これだけのフェーズがあります。もちろん、やったことがないこと、もしくは前にやったけどうまくいかなかったことなので脳はその成功の感覚を知りません。これがゴールを決めただけでは叶わない、原因です。

カレーライスを作りたいけど、材料と手順などのレシピを知らない、だけどそれを調べもせずに、カレーを作りたい〜って駄々をこねてる人がいたらあなたはどうしますか？　必要な材料と作り方の順番を教えてあげるのではないでしょうか。これと同じことをすればいいわけです。分からないことは、調べたり、見たり、聞いたりして情報を集め、意識的なネットワークを使って、あらかじめ脳に教えてあげるのです。

叶ったときの『感情』を妄想します。もっと具体的に見てみましょう。
『経済的に自立するために、情報を集めて準備をします。未来にワクワクする！』
⬅
『今の会社のお仕事で残業をやめて定時退社。アフターファイブが自由に使える！やったー』
⬅
『そしたら起業の準備が進んで。もう楽しみでしかない！』
⬅
『会社を辞めて、いよいよ起業。準備万端だし最高の気分！』

こんな流れです♡こうやってゴールを手に入れるための1つ1つの策を順序良く確認していきます。ゴールまで来たら、そのときの『感情』を妄想することも忘れないでくださいね！

つまり、『順序』と『具体的な内容』、そして叶ったときの『感情』を脳に教えてあげます。それが一番脳に感知されやすい、言い換えれば脳が叶えやすい願いの願い方です。どちらか片方だけでもダメなので、ここはしっかり押さえましょう！

この2つをクリアすれば、脳の幸せチャンネル設定は完了です。

あとはこのフェーズをひたすら何も考えずに、繰り返していくだけ♡

『本当に大丈夫かな？』と思ってしまうことは厳禁です。思ってしまったら、脳は一気に不安を現実化してしまうからです。寝る前と起きてすぐのゴールデンタイムには、ニヤニヤして想いを口から発しましょう。そして叶ったときの感情をイメージします。ぜひ集中してやってくださいね♡

そのために色々なものを見て、聞いて、五感をフルに使いながら刺激を受け、脳にインプットしていたら、たちまち『あれ？　いつの間にか叶ってた！』ってことが必ず起きます♡

妄想しながら毎日ウキッとしてみてくださいね♡

1日1ステップ1weekで完成！私的自由脳の作り方レシピ～ワークシート

前述までに様々述べてきましたが、ここでは具体的に何をしていけばいいのか、それをシンプルに簡単にお伝えしていきます。ノートを1冊用意して、書いていくことをオススメします！　ステップは7つです。

Day1【本当はこんな毎日にしたいという最高の世界を描く】
Day2【Day1が達成できたときに、自分はどんな気持ちになれるのか妄想する】
Day3【そんな毎日を生きる私の、最高の1日を描く】
Day4【Day3が達成できたときに、どんな気持ちになれるのかを妄想してニヤニヤする】

Day5【そうなるためのステップをできるだけ細かく書いてみる】
Day6【それをただただやってみる！】
Day7【それをやって感じた感情を書き出して、感情レベルで振り返る】

私と一緒に動画でワークをしませんか？
こちらのフォームから、メールアドレスをご登録いただくと、動画のURLをすぐにあなたのメールボックスにお届けします！

『私的自由脳7Days講座』
https://ws.formzu.net/fgen/S20201713/

Ｄａｙ１【本当はこんな毎日にしたいという最高の世界を描く】

ここでいう最高の世界というのは、時間もお金も無限大にあり、もし全てが許されるなら、という身体で描く私的な最高の世界です。箇条書きで10個以上、書きます。どんなところでどんな人たちと、どんな生活を送りたいのか。思いっきりわがままで、思いっきり最高な世界を思いっきり描いてみてください。

Ｄａｙ２【Ｄａｙ１が達成できたとき自分はどんな気持ちになれるのか妄想する】

Ｄａｙ１で出てきた項目に関する情報を写真や動画、チラシなどで。たくさんの情報を集めます。Ｄａｙ１が来週に実現されるものとして、自分がどんな気持ちになるか感じてみてください。

この時のポイントは**【嬉しすぎてニヤニヤすること】**

あふれ出るくらいの幸せを、妄想で思いっきり感じてみてください。

Ｄａｙ３【そんな毎日を生きる私の、最高の１日を書く】

Ｄａｙ１の世界を達成した私は具体的にどんな１日を過ごしているでしょうか？時間単位で、何時に起きて、これをして、という感じで１日を円グラフに表して描いてみてください。この時もポイントは２つです。

【ただ書くではなく、実際に想像しながら書く】ということ。

『こんな１日だったら、私幸せすぎてとろけそう～♡』ってくらいの１日を妄想してみてくださいね♡

Ｄａｙ４【Ｄａｙ３が達成できたとき自分はどんな気持ちになれるのかを妄想する】

これはＤａｙ２と同じフェーズとなります。

実際に五感から情報を集めて、具体的に妄想をしてそれによりどんな気持ちになるのか、模擬的に感情を感じてみてください。

Day5【Day3になるためのステップをできるだけ細かく書く】

そうなるためには、今に何を加えたらなれるのかをピックアップしてみてください。

もし項目としてわからなければ、それを成功させている人に聞いたり、ネットで調べたりしてみてください。できるだけ細かく書くことをオススメします。

Day6【Day5を、ただただやってみる！】

ここまで出来たら、今できることをただやってみる！

ここでのポイントは【考えずに】まずやってみること。やる前にあれこれ考えてしまうものはもう後回し！　今すぐできることから制覇していきましょう。

ここで考えこむと、マイナスな感情を脳に感じさせてしまう最大のリスクが出現します。

何より、それが本音になることを避けたいので、ここは忠実に守ってくださいね♡

Ｄａｙ７【Ｄａｙ１～Ｄａｙ６で感じた感情を書き出して、感情レベルで振り返る】

Ｄａｙ１～Ｄａｙ６までやってみて、自分の中で感じた感情を書き出してみてください。どんな感情でも大丈夫です。そしてその出た感情に色付けをしましょう！
自分にとってマイナスな感情には青色を、プラスな感情には赤・オレンジ色で丸を付けてみてください。そしてどちらの感覚が多かったかを振り返ってください。

この７つのステップを、１日１ステップ、ぜんぶで１週間でやり、毎週するのがベストです！

そして、Ｄａｙ７のステップのマイナス感情とプラス感情の数のバランスが、赤が多くなれば脳が夢をインプットできている証拠です♡　もし、青が多い状態が続くのであれば、一旦立ち止まって、そこにあるマイナスな感情をなぜ感じてしまうのかと向き合ってみることもオススメです♡

まずは、1週間続けてみてください。

必ずや、何かしらの好転の結果が生まれて、不思議とチャンスが巡ってくるはず。それを脳が喜び、叶えてくれている実感となります。そのチャンスを逃さないように、しっかりアンテナを立てておきましょうね！

私はこれを3年前からずっと続けていて、今はほとんど赤色で埋め尽くされ、同時に青色が出現することが激減しました！　そう、これは1週間進むごとにプラスな感情を感じやすい脳になっているってこと。数年続ければ、無意識にできるようになり、全く考えずにできていけるようになります！　まずは、1週間ですね。目に見えて、きっと山ほどの変化が訪れること間違いなしです♡

成功CASEⅡ

◯彼氏と会わないと決意した数日後、彼から連絡が来た！

受講生Bさんの実際にあったお話です。
２年間ひたすら片想いしていた彼がいて、何回もアタックしてはダメ、アタックしてはダメで玉砕されていた彼女。毎日泣きじゃくり、ご飯も食べられなくなるほどに病んでいました。

でもそんな日々を乗り越えて、彼と離れる決意をしました。彼のことを思う＝『悲しい』や『辛い』といったマイナス感情ばかりだったからです。彼を思うことで生まれるマイナス感情を断捨離するために、彼と離れることを選んだのです。そう、『脳を味方にする』メソッドです。

彼と会うことをやめて、辛かった仕事も辞めることにしました。
なんと！　その決意した2日後に彼から告白され、晴れてカップルに！　2年越しの片想いが実り、今はめちゃくちゃ幸せそうですよ♡
感情断捨離をして快の感情だけを選ぶと、ミラクル的なことが向こうからやってくるいい例ですね。不思議だと思われるかもしれませんが、これが『脳を味方に』すれば幸せが舞い込むということなのです。

Chapter 4

『がんばらない習慣』があなたの想いを叶える

がんばる!はゼロがいい♡

さて、これまで様々な脳仕組みと、想いを叶える実践方法をお伝えしましたが、第4章ではその効果を最大化する方法をお伝えしていきます。

効果を最大化するには【習慣化】

よく聞きますよね。習慣にすればいいと。ただ、私がここでお伝えする習慣化は、一般的な『やらなきゃいけない』『やるべき』という頑張る習慣化ではありません。今まで何度もお伝えしましたが、『やらなきゃいけない』こと、つまり『頑張ること』は、脳は嫌いです。こうあらねば、こうあるべき、のような固定観念は、脳の一番の敵なのです。だからラクに自然とできてしまう、『私的自由脳』の習慣化の方法をお伝えしていきます♡

【脳は環境に依存する】

これは様々なところで言われていますが、大正解の理論です。
人間の脳の回路はいつも五感を材料にしているから。刺激↓感情↓行動の順番でしたね。刺激の材料となるのは、今あなたの周りの『環境』が作り出しているものです。だから何かを変えたい、願いを叶えたいのなら、脳を変えること＝自分の環境をちゃんと設定していくことです。

環境を設定するときは、特別な意識をしないで、心地よく続けられるものがおすすめです。環境設定は、一番効果が大きく、かつ効果が出るまでの時間が短く、予想もつかないようなチャンスさえも運んできてくれます。

【脳が『最高！』と感じる環境】を作ります。

習慣化するには、これだけで十分です。脳を味方にして、心地よい時間が続く時間が長ければ長いほど、脅威と言っていいくらいの効力を発揮します♡きっと第3章の7つのステップを実践したあなたなら、すでに変化を感じているはずです。

この7ステップを続ければ続けるほど、『なぜかいいことが起きる』体質になるのです♡そう、それは、脳的に言うとオキシトシンやドーパミンなどの幸せホルモンが出やすく、しかも幸せを感じやすい脳になっているという証拠です。

あなたが描いた最高の世界と最高の毎日が、どんどん目の前の世界に叶っていくことになるでしょう！

脳の感情は何から生まれる？

先ほどの項で、『脳は環境に依存する』とお伝えしたとおり、脳は環境で作られます。そして、

【脳が感じる感情は、五感の刺激により生まれます】

五感とは、視覚、聴覚、触覚、嗅覚、そして味覚。これらの感覚が受ける刺激を材料にして、感情は生まれるのです。ということは、その感覚たちは、今私たちが身を置く環境からしか生まれないものですよね。

脳を味方にするとは、『自分の脳をいつも喜ばせてあげる』ことです。そのためにはいつもお気に入りの環境に自分を置くこと！

私は大好きな香りのするアロマオイルを常に身近に置いています。香りが蒸気とともに出るデフューザーを、朝起きたらまずつける、そしてお仕事から帰ってきてから寝るまで灯しておきます。もう、その香りがしている間はず〜っと心地いい。なんかリッチな気分になれるのです。アロマオイル自体は高級なものを使っているわけではありません。あくまで、大好きな香りであることを重視して選んでいます。

アロマオイルが紛れもなく心地いい気分を作り出してくれて、いつもいる家なのに、少し違った空間に感じさせてくれる、そんな演出さえプレゼントしてくれます。

アロマの香りを感じ心地よくなること。それが、私の基本感情『嬉しい』です。自宅では、大好きな絵を飾るとか、胸がキュンキュンするドラマを見るとか、かわいい洋服を着てみるとか、もはやあなたが自信がワクワクすることであれば、何でもあり！　です。

ベランダに出て月を眺めてみる、これも全然オッケー！

これ、なんてエコなんでしょう♡笑。心地よくなる空間作りは、立派な環境作りです。そうやって、少しずつ心地いい環境にしていくことで、脳は、常に幸せホルモンを大放出するようになっていくのです。そんな最高の環境においては、寝込むほどの悩みなんて生まれにくいはず。

【私の想いは必ず『脳』が叶えてくれる】

それは紛れもない事実だから。

脳はあなたの想いを叶えるようにできているものだから。

だから安心して、その気になってみる！
そして妄想してニヤニヤしてみる！
それが望む未来を叶えてくれるものだから♡

『悩み』は脳からのお知らせ『早く解決しないとストレスホルモンが出ちゃうよ〜』

第2章でお伝えした『感情断捨離』、覚えていますか？ これは言ってみれば、生活の中で『最高』以外を全捨てして、日常を大好きなもので埋め尽くすというもの。

私のメソッドには必須で、欠かせないものです。

そして、実は『感情断捨離』だけを習慣化するだけでも、想いを叶えるにはかなりの効果があります。しかもこれは、日常生活の中で自分がやる選択の基本軸を決めて選ぶだけなので、すっごく簡単。感情断捨離をするだけで、生活の中で迷うことはあっても、ウジウジ悩むことが激減していきます。なぜなら、『最高』を決める自分の基準が、しっかりと自分で分かるようになるからです。

では、今悩みがあるあなたへ、
なぜ人には『悩む』という現象が生まれるのか、ここで少しご説明しますね！
実は『悩む』とは『迷うを繰り返し、解決できなかったもの』という現象です。脳には、『解決できなかったことを記憶している』という役割があるのは、お伝えしたとおりです。

例えば、私の7年間の病院勤務。
3か月に1回くらい、急激に『あ～もう辞めたい！』と想うサイクルが回ってきていました。ですが、その度に私は『でも、ここ辞めてもどうせ同じだよね。どうせ。』

という言い訳をして、一旦気持ちは収まります。また3カ月くらいすると、『辞めたい』という感情に襲われるのです。その度に『あ、また私同じこと言ってる』と何回思ったことか！（笑。）

『もう、何回それで悩むんだよ〜』って、もしかしたら脳に呆れられるくらい、このサイクルを繰り返していました。繰り返し同じことが起きるのは、脳が『解決できなかったことを記憶している』からなんです。それで、脳が『もう〜早く解決してよ〜〜ストレスホルモン出すぎちゃうよ〜』って嘆いている証拠です。

脳は、解決されたことはスルッと忘れます。友人に『あのとき、すっごく悩んでたね』と言われても、『え？ そんなことあった？』なんて経験はありませんか？ 小学1年生の頃から同じことで悩み続けていることってありますか？ きっとどこかのタイミングで解決されて、今では覚えていないことたくさんあると思います。

脳は解決できなかった悩みを記憶し、解決された悩みは忘れる。

脳を味方にするなら、脳にあまり負担をかけずに、やりたいことをスルッと叶える脳になりましょう！

『感情断捨離×習慣』でチャンスを取り続ける

最高以外は全捨て！という感情断捨離を習慣化して身に付けることで、悩むという現象を減らすことができます。

だって、生活の中で感じる感情が『最高』だけになるから。

感情断捨離を身に付けると、脳がマイナスなことを感知する瞬間が、今よりもグッと減り、同時にストレスホルモンを出す可能性も下がるわけです。自然と自分にとって『最高』な選択をいつも無意識にすることができるようになります。そして、それができると、すっごく不思議なことが起きます。

◊数ヶ月先まで予約の取れないお店の予約が、当日取れてしまった！
◊臨時収入が入った！
◊昇格のチャンスが舞い込む

これらは実際に、たった1週間で私に起きたミラクルたちです。こんなふうに、やってみたかったことが現実になるチャンスが舞い込んでくるのです。

ミラクルを起こすものを、ちまたでは『エネルギー』と言うらしく、それで済ませることは簡単ですが、『脳の仕組み』からくる効果の1つでもあります。

なぜなら、チャンスのほうから舞い込んでくるというより、自分の脳がいつも『最高』を知っているから、チャンスが目の前にあるときにチャンスとして捉え、掴むことができるようになるからです。

ご存じですか？　チャンスは人それぞれに同じ数だけ存在すると言われています。なのに、なぜ人により、願いが叶う人と叶わない人が存在するのでしょう？　それは、チャンスをチャンスとして感知できているかどうか、ただそれだけです。

極端に言えば、目の前のチャンスを全部取る人と、怖がって取らない人がいる。その違いだけなのです。ほとんどの人が後者で、チャンスをチャンスと受け取らずに、ただただ『チャンスが来ない』と思っているだけ。もったいない。そして、そんな人のほとんどが、ずっと悩みを抱えています。

どんな時でもチャンスを取り続けている人は、悩むなんて暇もなく、いつも新しい刺激にさらされ、どんどん進化してやりたいことを叶えています♡そして、彼らはチャンスを掴まないことが一番のリスクだということを知って行動しています。だから、何かうまくいかないことがあったとしても、特に気にしない。だって、また何かのチャンスを受け取ればいいことを知っているから。実はこのくらいシンプルな理論なのです。

チャンスを取り続けられるのは、自分の中の『雑念』を限りなくゼロまで減らしているからこそできること。自分の中に様々な感情や悩みがあると、チャンスを感知するアンテナは弱り、チャンスを逃したことに後から後悔してしまう、そんなことを繰り返します。

感情断捨離の習慣化は、このくらいの二極化を生むほど効果絶大です。人生において、迷うことはあっても『悩む』ことは必要ないのではないでしょうか。もし、悩んでいる状態ならば、そのときは行動をしていないとき。私はそう思うようにしています。今でももちろん悩みそうになるときはありますが、そんなときこそ、第2章の感情断捨離に立ち戻り、丁寧に感情の断捨離をしていますよ♡

だって、それだけで、いつも『最高』が舞い込む自分になれるのだから。
そして、その『最高』は次の『最高』も生み出してくれるから。
最高のスパイラルができたなら、もう悩みなんて怖くない！
きっと気付いたら悩む頻度は激減しているはず。
そして最高が舞い込む自分に毎日、ワクワクしてくるはず♡

『私的自由脳×習慣』で想いを叶えるスピード10倍アップ！

感情断捨離を習慣化すれば、絶大な効果を得られることを書かせていただきました。

ここでは、次のステップとなる、私的自由脳を習慣化することによる効果をお伝えしていきます。


感情断捨離の習慣化による効果は、一言で言うと『最高のチャンスを掴む』です。

私的自由脳の習慣化による効果は、一言で言うと『叶うまでのスピードを最速化する』ことです。要するに、叶う『スピード』にかなりの効果があります！


第3章でお伝えした『私的自由脳』の概念は、みなさん理解できていますか？

脳は、プラス感情でもマイナス感情でも、あなたの『本心』を現実化していくものだということ。その目的は、自分の命を守るため、でしたよね？

願いが叶うスピードが最速になることは、4年前までは、私自身にも本当に夢物語で、単に『脳の理屈的にはそうなるよね』くらいにしか思っていませんでした。

そこで、本当に脳が私の想いを叶えてくれるのかどうか試してみた私です。結果は、本当にびっくりするくらいの速度でやりたいことが叶えられています。それも、次から次へと願いが叶え続けているのです。

起業当時の私のイメージは、100万人やって1人くらいの確率で叶う、くらいすんごいことだと思っていました。起業の成功は5年以上の苦しい下積みがないと叶わないとまで、根拠なく思っていたんですよ。そう、イメージとしては、芸能人や芸人さんたちのように。

だから4年前に自分実験をスタートしたときも、正直うまくいくがわけないと思っていました。下積みは最低3年かな、長ければ10年。とりあえず起業を始めて、空いた時間でバイトでも探そう〜くらいのノリでした。もし、それでダメならサラリーマンに戻るか、完全失業で雇用保険をもらいながら他にやりたいことを探そうというかんじ。

ですが、そんな心配をよそに、下積みの〝し〟の字もなく、1年以上かかると想像していたやりたいことは、わずか1か月で叶いました。つまり10倍速以上の速さで、私を理想の世界に連れて行ってくれたのです。

4年前私が考えた、脳の理論を使った『やりたいことを叶える方法』が、まさか私自身の人生丸ごと変えてくれることになってしまうなんて！　その瞬間『あ、やっぱり、あれは本当だったんだな！』って納得する機会にもなりました！

それ以来、悩みを打ち明けてくれる友人にも伝えて、実践してもらうと、本人も驚くくらいのものすごいスピードで叶っていくのです。例えば、

◊休みが欲しいなと思っていたら、本当に休みになった
◊○○へ行きたいなと思っていたところへ、偶然行けることになった
◊食べたいな～と思っていたものが、実家に帰ったら買ってあった

などなど自分で何も努力しなくても、やりたいことが『向こうからやってくる』よ

うに叶うようになりました。やはり、私の『働き方』が最速で叶ったのも、偶然ではない、むしろ誰にでも叶うものなんだと気付き、そのメソッドを盛り込んだ起業塾も開講することに。

セッションの相談数は３００人を超え、起業塾はスタートして3年足らずで17期生までを輩出。北は北海道、南は鹿児島まで。全国規模で開催させていただいています。受講生さんの年代もバラバラで、下は22歳～上は63歳まで。受講生さんたちからは、『目からウロコ！』と言っていただけるメソッドです♡

こんなふうに『私的自由脳』を実践しているだけで、私のやりたいことはどんどん広がり、そして誰かの勇気となり行動となり、誰かの人生まで変えてしまって、自分でもびっくりです。私にとって最高なことが自由に叶っていく、それは大きな変化を生み、さらに自分の周りにまでその最高な自由を連鎖させる力をも持っているのです。

『私的自由脳』すごすぎでしょっ？

なんの型にはまる必要もなく、私にとっての『自由』の概念をただただ定めて、実践していくだけ。それは誰にでも今日からできること。私はこの4年、私的自由を繰り返して、日に日にその信憑性とクオリティの高さを心の底から実感しています♡

自分の脳は『最高の世界』を導いてくれるツール。

あなたの脳も、今この瞬間から、すんごいツールになるポテンシャルを秘めているのです♡

なぜ『感謝』が良いの？　ヒミツは脳にあります

ここまで感情断捨離と私的自由脳、そしてそれぞれの習慣化のお話をしてきました！

なんと！　さらにさらに、さーらーにー！

その両方の効果を倍増させる『メソッド』を、お伝えしていきます！
もう、これでもか！　ってかんじですね。

『え！　そんなに書いていいんですか？』と思われる方もいるかもしれません。でも、この本は、あなたにとって最高の世界を最速で現実化していただくためのもの。独り占めするのがもったいない！　という想いから、1冊の本としてお届けすることにしたのだから、私の持っている全てを惜しみなくお伝えしますよ～！

さて、そのメソッドとは、【感謝】。

最近、感謝についてこんな言葉をよく聞きませんか？
◊朝に感謝すると幸運が舞い込む
◊ありがとうは、魔法の言葉

◊感謝をすると人生が変わる

などなど色々なところで耳にします。最近では感謝に関する本も多いですよね！ですが、この本では単に『感謝をしよう！』なんて短絡的なことは言いません。そんなこと言ったって、続かないと思うんです。だって、私がそうだったから。理由の分からないものは基本的に続かない、人はそんな生き物です。

ここで、みなさんに質問です！

【感謝をすると具体的に何がどうなっていいのでしょうか？】

これに答えることができますか？　誰もが納得するような答えを考えてみてくださいね！　スピリチュアルでそう言われているから、なんてのはナシですよ♡

きっと9割近くの方が、頭に『？？？』が浮かんでいると思います。それは当たり前です。ここでお伝えしたいのは、知らないことを恥じるのではなく、そのくらい根拠のない情報が出回っていて、それを信じてしまっているということです。

では、答えを言います。感謝をするといい理由は『ホルモン』にあります♡人は『ありがとう』という言葉を発する時、4つのホルモンが分泌されることが研究で分かっています。そのホルモンとは、

◊ドーパミン：幸福物質
◊セロトニン：癒しの物質
◊オキシトシン：リラックスの物質
◊エンドルフィン：究極の幸福物質

4つのホルモンには、それぞれ違う役割があります。中でも、エンドルフィンは感謝したとき・されたとき、どちらも泌されることが分かっています。

そう、感謝すると、いわゆる『幸せホルモン』が大放出されるというわけです♡もう、これは脳にとっては万々歳なありがたいものなのです！

だって命を守るために、幸せホルモンは欠かせません。脳にとってはすっごくありがたいものであり、免疫力まで高めてくれるんですよ。これ以上の環境はないって話

です！『感謝』によって、幸せホルモンが分泌されるというのは、どこに端を発するものなのでしょうか。単に研究結果がそうだから、だけでは終わらないのです。それは紛れもなく、私たちの幼少期の経験です。

脳は生涯成長を続けていきますが、3歳～6歳で大体8割強の成長を遂げることが分かっています。3歳～8歳は『単語』で返答を繰り返す年代でもあります。

私たちの多くはこの年代で、人から何かをもらったときや嬉しいことがあったときなど、他の人が良いことをもたらしてくれたとき、『ありがとう』という言葉を発するように両親から学びます。このことで、『快』なことが起きたとき『ありがとう』という言葉が発せられることを、脳は学んでいきます。

【ありがとう】

この感謝の一言には、本当に深い意味があり、脳が喜ぶ理由があります。

だからこそ、たっくさんの善意を感知して、いち早く多くありったけの感謝をして

みる。その感謝によって、あなたの脳はすこぶる『やる気満々』になること間違いなしです♡

想いを叶える『自分人体実験』は大成功！

これまで本当にたくさんのメソッドをお伝えしてきましたが、いかがでしたでしょうか？　私が4年前に決めた『幸せの人体実験』は、こうやって大成功どころか、想像を超えた世界まで魅せてくれることになりました。

4年前、普通のサラリーマンだった私が願った多くの儚《はかな》い夢。周りの誰もが叶わないと思ったその夢たちは、何もかも『脳を味方にしたこと』の結果です。今までの私にはありえなかった『すごい世界』をいまだに作りあげてくれています。

実は、この出版もその中の1つ。

前から『出版したいな〜』と願っていたら、わずか3か月で叶うことになったのだから。数々の『奇跡』は、叶うかどうか分からない遠い未来ではなく、今この瞬間に『明日がこうなったらいいな〜』とすぐそこにある手に届く想いを着実に、そして丁寧に、現実に変えてきたからなのです。その結果、

大好きな『旅行』さえも『働く』に変えてくれたのだから。

私を昔から知っている友人たちはきっと目を丸くするでしょう。『何が起こったの？そんな独立なんてタイプじゃなかったじゃん！』と会うたびに何度も言われます。私の夢は、最初から『起業』や『独立』ではありませんでした。大金持ちになりたい、そんなことを想ったこともないのです。本当は、ただただ『大切にしたいものを大切にしたかった』そんな余裕が欲しかっただけ。

それ以外の好きじゃない時間なんて、私にはいらなかった。

そして、生活できるだけの収入があれば最高！　と想っていただけ。

明日100％生きている保証はないのだから

これらを現実化する勇気をくれたのは、前述したマサコさんとの出会いと、実はもう1つあります。

2016年に起きた熊本地震です。当時、友人とディナーをしているとき、いきなり爆発音みたいな音がして急激な揺れに襲われました。目の前のお皿やコップは、一瞬にして飛んで行きました。その日から、人々は車の中で寝泊りをし、路上で座り込んで生活をするように。

私も数ヶ月のあいだ、実はあまり記憶がないくらい、必死に生きていました。

熊本地震は、こんなことを教えてくれました。

【たった数秒、数分で自分の命は失われてしまうかもしれない】

この経験は何も熊本だけではなく、みんなにいつ起こってもおかしくないこと。地震以外の災害や事件も全部そうです。

【明日確実に100%生きている保証はない】

それはこの世に生きるすべての人に共通するもの。私は熊本地震で被災したうちの1人。だからこそ、明日の保証はないことを伝えるメッセンジャーでありたいと思います。だからこそ、何事も今日のこの瞬間から。

大好きな明日を、大好きな『今』でたくさん埋め尽くしましょう♡

成功CASEⅢ

○複数の起業塾に通い1年間実績ゼロから3カ月で120万円の売上に成功！1児のママ

私の講座受講生のお1人、主婦で1児のママのお話です。子供が小さいころは一緒にいる時間を確保し、成長するにつれて時間ができたので、自分で働きたいと起業を決意しました。複数の起業塾に通い、1年間も実践して実績はゼロで、ウンともスンとも言わない状態でした。そこから、〝自由に働く〟ことを始めて、先行投資は行わないで、2か月で一気に50万円を売り上げ、さらに3か月で120万円を売り上げることに成功しました。

この方は、この本のメソッド『感情断捨離』と『私的自由脳』の習慣化を、忠実に実践して結果を出されました。私も伴走しながら彼女を頼もしく感じ、やっぱり誰にでもカンタンにできて、結果の出せるメソッドだと自信にもなりました。

Chapter 5

脳は
『わがまま』が大好き

はじめに～第4章にわたり、私は組織の中で頑張って働く生活を手放し、自由に働くようになるまでに実践・実証した『脳』活用方法をたっくさん書いてきました♡

この本でお伝えしたことは、見たこともない新しいことを勉強しよう！　とか、どこかにあるすごいものを持ってこよう！　買ってこよう！　とかそんな何か大きなことをしないと手に入らないものではありません。理論としては全く逆で、自分の中にある『これが好き！』というわがままにちゃんと目を向けよう、ってことなのです。

もっと簡単に言うと、
【自分のわがままをちゃんと実践しよう！】ってこと。

これを医学的に言うと、〝欲〟（欲求とも言います）。
脳には、大きく2種類の〝欲〟が存在すると言われています。
◊生理的・本能的な欲求＝生物が生命を維持して子孫を残すために必要な欲求。
◊心理・社会的欲求＝社会的に認められたい、他者を満足させたいという欲求。

人は日々いろいろな欲望を持ちますが、それらの一部を叶え、その他は理性という脳の抑制機能で抑えられています。これは人であれば誰でも、みんなが兼ね備えている機能です。

必ず誰にでもわがままな一面って存在します。ですがこの欲望に正直かそうでないかは人によってかなり差があります。欲望のままに行動することが多い人もいれば、欲望を抑えることが多い人もいます。この差が起きるのは、人は十人十色なので当たり前といえば当たり前。ですが、そこには『受けた教育』というものが大きく影響しているのもまた事実だと思います。

私たちの脳は、一生成長することができると言われていますが、その大半が生まれた時から成長期にかけて大きく成長していきます。その時期に大半の人たちは、親や他の大人から『協調性』を教えられます。みんなと一緒が安心、みんなと一緒なら大丈夫！　という教育を受けて育つのです。

子供が受ける教育について、外国と比べた例があるのでご紹介します。子供が何かをもらうとき、『どっちがいい？』と二者択一を大人に強いられます。そのような教育を受けるがゆえに、『どちらか1つしかもらえない』という概念が刷り込まれてしまうのです。

同じ場面でも、主体性の高い国では『2つとも手に入れるためにはどうしたらいいと思う？』と問うそうです。それがゆえに、自分の望んだものは自分次第で手に入る、という教育が小さい頃から脳に刷り込まれます。

この教育の差、私はかなり大きな影響を及ぼしている思います。脳は正直なので、『刷り込み』により全てを『習慣化』してしまいます。特に、ゆとり世代の前の世代は、前者の教育の色合いが濃く、それがゆえに主体性を発揮することが苦手な人が多いように感じます。私もそのうちの1人です。

欲しいものを自分自身で頑張って手に入れるというよりは、自分の欲望は横に置いといて、周りの環境に合わせて生きてきたことのほうが、かなり多かっように思います。現に授業中手を挙げることも怖かったし、『間違える』ことは恥ずかしいことだと、ずっとずっと思ってきました。だから私自身、何か起きるたびに『いつだってみんなと一緒が安心。そうしていれば大丈夫！』。何度そう言い聞かせてきたか分かりません。

それは学生時代だけではなく、社会人になっても一緒。

周りに迷惑がかからないように。ちゃんとしなきゃって、頼まれてもいないのに勝手に気を遣って勝手に疲れて、この繰り返しでした。私の場合、気を遣うという我慢が自然になり、我慢に我慢が重なっていきました。とうとう狭いキャパシティを超えてしまい、爆発してしまったのです。だから、自分の好きなことで働いていく道を選んだのだと思っています。

人には2種類の欲があり、誰にでも備わっているものです。

実はその欲こそが、大好きな未来を創るためのキーポイントなのです。欲は時にわがままと捉えられてしまうこともあります。特に日本では、『わがままはいけないこと』みたいな概念がかなり強いような気がします。ですが、そのわがままも、立派な『欲』であり、誰もが要素として持っています。このわがままは、実は脳が感じているもの。

【脳はわがままが大好きなんだから】

よく『人は欲のかたまり』なんて言われますが全くその通りです。4章でも述べたように、人は想い→行動をする生き物だから、実際この『欲』がないと生きられない生物でもあるのです。私たちが感じる想いも同じ。まさに、『欲』そのものなのです。

『欲』の正体は、脳が望んでいること、そのものでもあります。

だからこの欲をコントロールすればするほど、理性を使う頻度も増えるのです。

欲＝無意識的なネットワーク
理性＝意識的なネットワーク

比率は無意識的なネットワークが95%を超えるといわれています。
ということは、『欲』を『理性』でコントロールするということは、5%で95%をコントロールすると言うることになります。

例で言うと、100人の武士を5人の武士で抑え込もうとしているのと同じです。それはそれはかなりの量の体力を消耗しますよね？　実は、私たちは量には個人差はあれども、これを毎日ひたすらしていることになるのです。

もちろん、組織の中でたくさんの人とで生きていくためには、ある程度のルールが必要ですし、マニュアル化も必要。ですが、果たしてそれは、自分自身の人生にも必要なのでしょうか？

私の答えは〝ノー〟です。私たちの脳は『わがまま』が大好きで、いつだってこのわがままを叶えたいと思っています。そして、それを叶えてあげられるのは『自分自身』しかいないのです。それなのに、その『欲』を無視し、周りの環境に合わせて自分の人生さえも周りに合わせてしまう。そんなのめちゃくちゃもったいない！

あなたの脳はいつだって、あなたのわがままを叶えたいと願っているし、準備万端なはず♡あとはあなた自身がわがままに忠実になることを許可することで、すべてが始まります！　それが、自分の脳をうまく味方にして叶える方法の最初のステップでもあるのだから！

この本をここまで読んでくださったあなたは、もう分かったはず。なぜ、著者の私が最速で自分の望む生き方、働き方を実現できたのか。何かを叶えたいと思うのなら、うまくいくかもしれない方法、ではなく、『うまくいくしかない方法』を実践すること。これがポイント♡

まず、自分自身が本当になりたい姿を感知して、それを効率よく叶えよう！

〝脳〟は私たちが想像する以上の機能とポテンシャルを秘めています！　あとはその誰もが持つ脳をうまく使い、いかに、正直に素直にちゃんと実践するかにかかっています♡

あなたが素直に取り組んだその過程や結果が、これからのあなたや周りにいてくれる大切な人たちを必ず助けてくれるから。

あとがき

さて、いかがでしたでしょうか？
きっと聞きなれない脳のお話に『すっごく頭を使った！』なんて方も多いかもしれません。私が実際に自分の理想を叶えるために実践してきた方法をモリモリでお伝えしてきました。

この本のご依頼をいただいたとき、真っ先に私が本で伝えたいと思ったのは、【自分の願望は、ちゃんと自分で叶えることができること】でした。それは、夢も目標も描けなかった4年前までの私自身へのプレゼントでもあります。

元々引っ込み思案で、それでも協調性だけはある私がです、10年前に社会で感じた生きづらさは想像以上のものでした。そして、その生きづらさは、私だけが感じているものだとずっと思っていました。ところが、独立して起業して勇気を出してその想いを伝えてみたことで、予想以上の方が味わっていた感覚なんだということに気付きました。そのときやっと、生きづらいと思っていた自分を許すことができたのです。

だからこそ、生きづらい想いは、ちゃんと変えられることを自分自身で実証し、伝えたい！

だって、この今の瞬間だって、その想いに我慢して苦しんでいる人が、すぐそばにいるかもしれない。そこから抜けることができなくて毎日泣いているかもしれない。

そんな昔の私と同じ経験をしている方へ、少しでも貢献できればと私自身が実践して、うまくいった方法をたくさんお伝えさせていただきました。

私は昔から『夢』を描けなかった1人の女の子でした。

でもね？　今自分自身が自由に生きることを叶えて想うのです。

実は、望む大きな夢はあってもなくてもどっちでもいい♡

あったらあったでいい、ないならないでいいのです。

大切なのは、大きな夢を叶えることではなく、
【今の自分がちゃんと幸せで居ること】

私は何よりこれが大切で、何よりもエネルギーを注ぐことだと思っています。
そしてそれをちゃんと叶えやすくなるために『脳』を使い、自分実験をして、その方法の有効性を証明することに成功しました♡

私がこんなふうに思うようになったのも、つい4年前。本地震が起こってからです。
いきなり、地面が揺れいろいろなものが一瞬で崩れてしまう。

それはそれは本当に怖い経験であり、同時に日常に溢れていたたっくさんの幸せを教えてくれたものでもありました。私がもし、本を出す日が来たら、みんなの前でお話できる日が来たら、いち被災者として絶対伝えたかった経験でもありました。

私たちの人生は、何ひとつ当たり前なものなんてない。

◊今、からだがどこも痛くなく元気で動けること
◊毎日ご飯が食べられること
◊毎日ちゃんと話ができること

そして何より、今この瞬間もちゃんと生きていること。

これが決して当たり前ではないこと、心に刻んでいてほしいのです。

だからこそ、よく見えない未来のために頑張ることではなく、

【ちゃんと確実に今の自分が幸せで居ること】


それを自分自身の〝脳〟を効率よく使い、不安なく叶えていく方法をお伝えしてきました。このメソッドがたくさんの方の手元に届き、昔の私のように苦しむ人が激減しますように！

そして、1人でも多くの人の『今幸せ〜！』がたっくさん叶いますように。

絶対、大丈夫。

私たちの〝脳〟は何ひとつとして、絶対裏切らないんだから！
ありったけの感謝と深い願いを込めて。ありがとう♡ありがとう♡ありがとう♡

徳永　麻衣

徳永麻衣　（とくなが　まい）

理学療法士
慢性腰痛専門治療院 華嬉 HANAKI 院長
トータルケアセラピスト協会会長
MAI TOKUNAGA OFFICE 代表

専門学校卒業後、理学療法士として病院に7年間勤務。「“脳”の仕組み」を使い、手足麻痺だった脳疾患患者が数カ月でギターを弾けるような劇的な回復を遂げることに衝撃を受ける。同時に「この“脳”の仕組みを、健康な人に応用すれば、無限の可能性があるのでは？」という思いを抱き、独立。自身の生活にも“脳”を活かした行動を取り入れると次々と思いが叶い、独立後1年で、週休4日年収1000万を達成。開院した整体院では、“脳”を取り入れた治療により、多くの来院患者の長年の痛みを快復させ喜ばれる。現在は改善率98％以上、予約は3～4か月待ちの人気整体院となっている。施術回数はトータル3万4千回超、個人セッションや独立起業塾の受講生は400人超、成功者を多数輩出。痛み改善技術講座により、全国150人の治療家の新しい治療の道を開く。

◆講演・取材・執筆などのお問い合わせ
　メールアドレス info@mai-tokunaga.com

◆トータルケアセラピスト協会　ブログ
　『治せるセラピストが起こす“奇跡”』
　https://ameblo.jp/jare5/
◆ Mai Tokunaga Official
　https://mai-tokunaga.com
◆ブログ「徳永麻衣」で検索
　『自分の脳を味方につけて、確実に想いどおりに生き抜く方法』
　https://ameblo.jp/hanaki-happylife/

理学療法士《りがくりょうほうし》が教《おし》える
『脳《のう》を味方《みかた》にして』大好転人生《だいこうてんじんせい》を歩《あゆ》む方法《ほうほう》

2020年8月25日　初版第1刷

著　者　徳永麻衣
発行人　松崎義行
発　行　みらいパブリッシング
〒166-0003 東京都杉並区高円寺南4-26-12 福丸ビル6F
TEL 03-5913-8611　FAX 03-5913-8011
HP https://miraipub.jp　MAIL info@miraipub.jp
編　集　市川弘美
イラスト　光波
ブックデザイン　洪十六
発　売　星雲社（共同出版社・流通責任出版社）
〒112-0005 東京都文京区水道1-3-30
TEL 03-3868-3275　FAX 03-3868-6588
印刷・製本　株式会社上野印刷所

ISBN978-4-434-27817-4 C0095